KB017244

의외로
사람들이 잘 모르는
정치

의외로 사람들이 잘 모르는 정치

북멘토

책을 내면서

사람들은 정치에 대해 많은 이야기를 합니다. TV에서도 정치를 논하는 프로그램이 적지 않고 유튜브를 비롯한 인터넷 공간에도 정치 관련 콘텐츠가 많이 있습니다. 이처럼 정치에 대한 관심은 높지만, 정치를 바라보는 시선은 오히려 부정적인 이들이 적지 않습니다.

예전에 택시를 타고 학교에 가던 중 택시 기사가 제게 대학에서 무엇을 가르치느냐고 물은 적이 있습니다. 정치학을 가르친다고 말하니 학교까지 가는 내내 택시 안에서 한국 정치에 대한 비난과 욕을 들어야 했습니다. 정치가 잘못된 것이 마치 제 탓인 양 핀잔도 들었습니다. 정치에 대해 이런 부정적 평가를 하는 사람은 비단 그 택시 기사만은 아닐 겁니다.

그런데 사실 한국 민주주의는 다른 나라에 비해 좋은 방향으로 진전되어 왔습니다. 1970년대 중반 남부 유럽으로부터 시작된 민주화의 물결은 라틴 아메리카와 아시아, 그리고 동유럽을 거쳐 아프리카에 이르기까지 전 세계적인 현상이 되었습니다. 우리나라도 1987년 민주화가 되었지요. 이런 민주주의의 흐름을 두고 헌팅턴이라는 미국 정치학자는 민주화의 '제3의 물결'이라고 불렀습니다. 그 이후 40여 년의 세월이 지나면서 민주화의 물결을 탔던 나라들의 상황이 제각기 달라졌습니다. 폴란드, 헝가리, 러시아, 튀르키예처럼 민주화로부터 크게 후퇴한 나라들이 많이 생겨났습니다. 권위주의나 독재로 퇴행하는 일도 곳곳에서 나타나고 있습니다. 이들 국가와 비교할 때 우리나라는 1987년 이후 우여곡절을 겪으면서도 나름대로 안정적으로 민주주의의 진전을 이루어 인권과 자유, 공정하고 자유로운 선거, 견제와 균형, 법의 지배와 같은 중요한 민주주의의 원리를 잘 확립해 왔습니다.

그럼에도 불구하고 우리 정치에 대한 불만과 불신은 여전히 높습니다. 그렇게 된 데에는 아직 해결하지 못한 우리 정치의 문제가 적지 않기 때문일 겁니다. 이러한 문제를 해결하기 위해서는 이제 시민의 역할이 더욱 중요해졌습니다. 시민들 각자가 서로의 차이를 인정하고 다양성을 존중하며 다른 사람을 배려하는 시민 정신을 구현할 때, 우리 정치도 한 단계 더 발전할 수 있습니다. 또한 정치에 대해서도 비판만 하거나 방관하는 구경꾼에 머무르지 말고, 적극적으로 참여하면서 애정과 관심으로 지켜보아야 우리 정치가 더욱 성숙해 갈 수 있을 것입니다. 힘겹게 민주화를 이뤘지만 다시 권위주의로 퇴행한 여러 국가의 사례에서 보듯이, 시민의 관심과 참여 없이 민주주의는 저절로 지켜지는 것이 아니기 때문입니다.

이 책은 바로 그런 의도에서 쓰였습니다. 정치에 관심이 많지만, 이 책의 제목처럼 의외로 정치의 본질과 구체적 원리에 대해 잘 모르시는 분이 적지 않습니다. 정치가 도대체 무엇이고 사회적으로 어떤 역할을 하는지, 우리 정치가 한층 발전하려면 무엇을 해야 하는지 이 책을 읽으면서 함께 생각해 보는 시간을 가졌으면 좋겠습니다.

이 책이 나오기까지 이은아 편집주간이 애를 많이 썼습니다. 쉽게 읽을 수 있는 정치에 대한 이야기를 쓰고 싶다는 생각은 오래전부터 갖고 있었습니다. 하지만 선뜻 그 작업에 나서지 못했습니다. 시간이 없다는 핑계로, 다른 일이 더 급하다는 핑계로 오랫동안 미뤄 두었던 일이었습니다. 한 발짝만 발걸음을 떼면 쓸 수 있을 것 같았는데 그걸 하지 못했습니다. 이은아 편집주간이 제 등을 떠밀어 주었고 그 덕분에 이 책이 나올 수 있었습니다. 감사드립니다. 원고를 꼼꼼하게 챙겨 보고 책으로 예쁘게 꾸며 준 김경란 편집자에게도 감사의 인사를 전합니다. 또한 초고를 열심히 읽고 평가해 준 이 책의 첫 독자들, 사랑하는 조카들에게도 고맙다는 말을 전합니다.

이 책이 여러분의 정치에 대한 관심과 흥미를 높이는 데 조금이라도 도움이 될 수 있기를 기대해 봅니다.

2022년 여름

차례

3장 왜 아직도 왕이 나라를 다스릴까?

4장 대통령은 언제부터 생겨났을까?

5장 선거는 왜 중요할까?

6장 가장 좋은 의사 결정 방식은 무엇일까?

7장 의회에서는 무슨 일을 할까?

8장 보수와 진보는 무엇을 뜻할까?

1장
정치가
없으면
어떻게 될까?

'정치'라고 하면 무엇이 떠오르나요?

대통령이나 국회의원이 제일 먼저 생각날 수 있습니다. 아니면 상징적인 장소가 떠오를 수도 있습니다. 청와대나 국회가 그렇지요. 혹은 '맨날 싸운다'는 식으로 다툼, 대립, 갈등과 같은 부정적인 이미지가 떠오를 수도 있습니다. 사실 우리나라도 그렇지만 어느 나라나 정치에 대한 평가는 대체로 낮은 편입니다. 미국에서도 의회 의원들이 일을 잘한다고 생각하는 사람은 20% 정도에 불과합니다. 우리나라에서 국회에 대한 평가는 이보다 더 나쁠지도 모릅니다.

그런데 정치가 뭘까요? 주변을 돌아보면 정치에 관한 이야기는 많이들 하는데, 정작 '정치는 과연 무엇인가'라는 질문은 거의 하지 않는 것 같습니다. 정치가 무엇인지에 대한 답을 찾기 위해, 정치라는 기능이 사라지면 어떻게 되는지 한번 생각해 보면 좋겠습니다.

정치는 나라를 다스리는 일입니다. 한자로 '政(정)'은 '나라를 다스리는 일'이라는 뜻이고, '治(치)' 역시 '다스린다'는 의미입니다. 정치를 뜻하는 영어 'Politics(폴리틱스)'는 옛날 그리스의 도시 공동체 'Polis(폴리스)의 일'이라는 뜻에서 비롯된 것이라고 합니다. 그러니까 정치는 공동체의 일, 나라의 일을 다루는 것이라고 할 수 있습니다.

정치가 사라진다는 것은 나라를 다스리는 주체가 사라진다는 것을 뜻합니다. 정부가 무너지거나, 정부가 있더라도 제대로 역할을 하지 못하면 정치가 사라진 것이라고 할 수 있습니다.

다음 기사를 볼까요? 우리나라에서 〈모가디슈〉라는 영화로도 상영된 바 있는 소말리아 내전 당시의 상황을 보도한 기사입니다.

소말리아는 현재 정부의 기능이 마비된 상태와 같다. 단지 과도 정부가 있을 뿐이다. 그리고 반군이 있다. 1991년 소말리아의 독재자 모하메드 사이드 바레 정권이 무너진 이래 부족별 통치가 이루어졌고 그 후 내전이 벌어졌기 때문에 전국적인 통치권을 가진 정부가 들어서지 못했다. 소말리아가 기아, 유혈, 무법으로 인식되기 시작한 것도 이때부터다. (중략) 소말리아가 무정부 상태가 된 이후 여러 번 정권을 노리는 세력이 나타났지만 항상 실패했다. 이번 과도 정부 역시 마찬가지다. (중략) 다시 내전이 시작되면서 소말리아 국민은 비참한 현실을 겪고 있다. '국경 없는 의사회'는 "이미 소말리아의 수도인 모가디슈에서 안전한 장소를 찾는 것은 불가능하다"라고 밝혔다. 치안이 악화되면서 부상당한 일반 시민이 의료 지원을 받는 것조차 어렵다. 이동 자체가 불가능하기 때문이다. (중략) 남성들은 내전의 당사자로 참전하기 일쑤이고 여성들은 약탈과 성폭력의 두려움에 떨고 있다.

_〈시사저널〉 2008년 5월 2일 자[1]

위의 글은 정부의 기능이 마비되었을 때, 다시 말해 한 사회의 구성원 모두를 강제하는 권력이 사라졌을 때 일어날 수 있는 혼란스러운 모습을 잘 보여 줍니다.

정치가 사회적으로 행하는 중요한 기능은 바로 '질서'입니다. 사람들이 평안하게 살기 위해서는 질서가 유지되어야 하고, 이를 위해서 누군가는 그러한 질서를 세울 수 있는 강제력을 가져야 합니다. 소말리아에서 일어난 무질서와 공포는 바로 질서를 유지할 수 있는 권력이 실종된 '무정부 상태'였기 때문에 벌어진 일입니다.

정치의 탄생

모두를 강제하는 권력이 없어서 비롯된 무질서의 공포로부터 정치권력의 출현과 국가의 기원을 생각한 정치사상가가 있습니다. 바로 토머스 홉스Thomas Hobbes입니다. 홉스는 국가가 만들어지기 이전의 상황을 자연 상태라고 보았습니다. 자연 상태에서 사람들은 신체적으로나 정신적으로 평등하지만, 모두가 원하는 만큼 다 갖지 못하면서 갈등과 대립이 생겨난다고 보았습니다.

세상의 자원은 한정되어 있어서 모두가 똑같이 원하는 만큼 가질 수 없습니다. 사회적 명예나 평판도 모두가 똑같이 누릴 수 없습니다. 하지만 욕망과 이기심을 가진 사람들은 자신이 가진 것에 만족하지 않고 더 많이 가지려고 합니다. 결국 서로 불화하고 싸우게 되지요. 더욱이 자연 상태에서는 모두에게 영향을 미칠 수 있는 권력이 존재하지 않습니다. 사람들 간의 다툼을 막을 힘이 어디에도 없는 겁니다. 그러다 보니 사람들은 각자의 욕심을 추구하면서 끝없이 다투게 된다고 보았습니다. 전쟁 상태가 되는 겁니다.

이런 상황을 홉스는 '만인의 만인에 대한 투쟁'이라고 표현했습니다. 만인은 모든 사람을 의미합니다. 모든 사람이 자기 자신을 제외한 모든 사람과 대립하고 싸우게 된다는 겁니다. '어디에도 안전한 장소가 없다'고 한, 앞서 본 소말리아의 내전 상황이 바로 이런 모습일 겁니다. 이런 환경에서 살아야 한다면 사람들은 얼마나 무서울까요? 언제든지 죽임을 당할 수 있다는 공포에서 누구도 벗어나기 어려울 겁니다. 그런데 사람들은 이성을 가지고 있기 때문에 합리적인 판단을 합니다. 개인들이 자신의 자유와 권리 가운데 일부를 포기하는 대신, 공동체 구성원 모두를 복종시킬 수 있는 힘을 권력자에게 부여하기로 한 겁니다.

권력자는 자신이 부여받은 그 힘으로 공동체의 질서를 유지하고 개인의 생명과 재산, 그리고 안전을 보장해야 합니다. 개인들은 권력자의 명령에 따르며 법을 지키고 세금을 내야 합니다. 질서를 어기면 처벌도 받습니다. 권력자의 통치하에서 이제 각 개인은 다른 사람이 갖는 만큼의 자유만 누릴 수 있게 되었습니다. 하지만 그 대신 평화와 질서를 얻습니다. 권력자와 사람들 간 일종의 계약을 맺는 것이라고 할 수 있습니다. 이를 '사회 계약'이라고 부릅니다. 홉스에 따르면 국가는 이런 과정을 거쳐 탄생한 것입니다.

홉스는 그러한 국가를 영원히 죽지 않는, 곧 불멸의 신과 비교하면서, 소멸할 수 있는 신, 인공의 신(mortal god)으로 간주했고 이를 '리바이어던Leviathan'이라고 불렀습니다. 리바이어던은 원래 구약 성서 욥기에 나오는 바다 괴물의 이름입니다. 인간의 힘으로 당해 낼 수 없는 거대한 괴물을 뜻하는데, 홉스는 국가를 이 괴물에 비유했습니다.

홉스가 언급한 리바이어던이 나오는 구약 성서 욥기의 내용을 조금 볼까요?

네가 낚시로 리워야단(리바이어던)을 끌어낼 수 있겠느냐. 노끈으로 그 혀를 맬 수 있겠느냐. 너는 밧줄로 그 코를 꿸 수 있겠느냐. 갈고리로 그 아가미를 꿸 수 있겠느냐. 네가 능히 많은 창으로 그 가죽을 찌르거나 작살을 그 머리에 꽂을 수 있겠느냐. 네 손을 그것에게 얹어 보라. 다시는 싸울 생각을 못하리라. (중략) 누가 그것의 겉가죽을 벗기겠으며 그것에게 겹재갈을 물릴 수 있겠느냐. (중략) 세상에는 그것과 비할 것이 없으니 그것은 두려움이 없는 것으로 지음 받았구나. 그것은 모든 높은 자를 내려다보며 모든 교만한 자들에게 군림하는 왕이니라.

_〈욥기〉, 41장 1-34절[2]

홉스에게 리바이어던은 '세상에 비할 것 없고 두려움이 없고 모든 높은 자들과 교만한 자들에게 군림하는 왕', 즉 막강한 권력자를 의미했습니다.

홉스는 이처럼 권력자의 출현과 국가의 탄생을 자연 상태에서의 '만인의 만인에 대한 투쟁'이라는, 불안과 공포에서 벗어나기 위한 사회 계약으로 설명했습니다.

1651년 출간된 《리바이어던》 표지. 도시를 내려다보는 거대한 존재는 국가를 형상화한 것이다.

홉스 이후에 활동한 존 로크John Locke 역시 사람들 간 계약으로 권력이 생겨났다고 보았습니다. 로크도 홉스처럼 국가나 권력자가 없던 정치 이전의 상태, 즉 자연 상태를 설정합니다. 여기서 사람들은 평등하고 자유를 누립니다. 여기까지는 홉스와 로크가 비슷합니다. 그런데 홉스와 달리 로크는 그 상태가 죽음의 공포를 만들어 내는 전쟁 상태라고 생각하지는 않았습니다. 사람은 자연 상태에서도 다른 사람의 생명, 재산, 자유를 침해하지 않는 범위 내에서 자유를 누립니다. 하지만 다른 사람이 나의 생명을 위협하거나 내 재산과 자유를 침해할 때, 그런 문제를 해결하고 처벌하는 힘이 자연 상태에는 존재하지 않습니다. 서로 자신이 옳다고 주장하는 사람들 간의 권리 다툼이 생겨도 이것을 조정할 수 있는 권위가 없습니다. 이런 이유로 인해 사람들은 불안감을 느낄 수밖에 없습니다.

자연히 사람들은 다툼이나 갈등을 해결해 줄 수 있는 재판관과 법률을 필요로 하게 됩니다. 개인의 자유와 권리의 일부를 포기하는 대신, 사회 구성원 간 합의에 의해 모두가 받아들일 수 있는 법률을 제정하고 재판관을 두기로 한 것입니다. 홉스처럼 로크도 사회 계약이 이뤄진다고 보았습니다. 하지만 홉스와 달리 로크는 리바이어던처럼 절대적인 권력을 가진 군주에게 개인의 자유와 권리를 양도해서는 안 된다고 생각했습니다. 절대 군주가 개인의 자유, 재산, 생명을 침해할 수도 있다는 점을 우려한 것입니다.

로크에게 중요한 것은, 모두가 지켜야 할 법과 규칙을 제정하는 일이고 그것은 모두의 동의 아래 이뤄져야 했습니다. 권력은 사회 구성원들이 원하는 바를 이루기 위해 '맡겨진 것', 곧 위탁된 것인데, 로크는 그 계약이 지켜지지 못해서 생명과 재산, 안전을 보장받지 못하면 그 정부는 폐지될 수 있다고 보았습니다. 계약이 지켜지지 않았을 때 그 권력에 저항할 수 있는 여지를 남겨 둔 겁니다.

이처럼 홉스나 로크는 정치의 탄생을 질서, 안전, 평화를 위한 합의의 결과로 보았습니다. 정치가 없는 자연 상태에서는 개인의 생명, 재산, 자유를 보장받을 수 없기 때문입니다. 정치가 사회적으로 제공하는 중요한 기능 가운데 하나는 질서 유지입니다. 소말리아의 비극은 정치가 무너졌기 때문에 일어난 일입니다. 정치가 사라지면 질서도, 평화도, 안정도 사라지게 됩니다.

사회적 동물

홉스와 로크의 이야기는 국가나 정치권력이 왜 필요한지 잘 설명해 줍니다. 그런데 이들의 설명은 우리가 일상적으로 만나는 정치에 대한 궁금증을 풀어 주는 데는 충분하지 않아 보입니다. 예를 들면 우리는 국회의원을 왜 정치인이라고 부를까요? 이런 질문에 대한 명확한 답은 아직 찾지 못했습니다. 정치의 기능에 대한 다른 설명이 더 필요합니다.

정치가 필요한 이유는 고대 그리스의 정치학자 아리스토텔레스의 유명한 말처럼, 인간이 사회적 동물이기 때문입니다. 사람은 다른 사람과 사회를 이루며 함께 살아가야 하는 존재입니다. 로빈슨 크루소처럼 혼자 살면 정치가 필요하지 않을 겁니다. 《로빈슨 크루소》는 영국의 다니엘 디포Daniel Defoe가 쓴 장편 소설입니다. 항해에 나섰다가 배가 난파되어 홀로 무인도에 살아남은 사람이 28년간 혼자 살다가 고국으로 돌아오는 이야기입니다. 로빈슨 크루소처럼 무인도에 혼자 산다면 정치는 의미가 없을 것입니다. 그런데 인간이 서로 어울려 함께 살아가는 일과 정치는 어떤 관련이 있을까요? 사람들이 모여 사는 속에서 정치는 과연 무슨 역할을 할까요?

한 가지 흥미로운 설명이 있습니다. 오래 전이지만 지금도 자주 인용되는 해럴드 라스웰Harold Lasswell이라는 정치학자의 설명입니다. 라스웰은 1936년에 다음과 같은 제목의 책을 출간했습니다.

《정치 : 누가, 무엇을, 언제, 어떻게 갖는가?Politics : Who Gets What, When, How?》

'누가, 무엇을, 언제, 어떻게'라는 의문사와 정치가 도대체 무슨 관련이 있을까요?

다른 학자의 정치에 대한 설명을 함께 보겠습니다. 데이비드 이스턴David Easton은 정치를 '가치의 권위적 배분(authoritative allocation of values)'이라고 했습니다. 가치란 무엇일까요? 사회에는 돈이나 재화 같은 물질적 가치도 있고, 지위나 평판과 같은 비물질적 가치도 있습니다. 이스턴은 그런 사회적인 가치를 모든 사람이 받아들일 수 있는 방식, 즉 '권위'로 나누는 것을 정치라고 했습니다.

라스웰과 이스턴이 말한 정치에 대한 설명에는 '가치 배분'

이 공통으로 들어 있습니다. 라스웰이 '누가, 무엇을, 언제, 어떻게 갖느냐'고 한 말도 결국 가치를 어떻게 배분할지의 문제를 지적한 것입니다. 두 사람의 설명을 종합하면, 사회적 가치를 적절하게 나누고 그 배분 방식을 사람들이 수용하도록 하는 것이 정치입니다.

사회적 가치나 자원을 나누는 게 왜 중요할까요? 앞에서도 이야기했지만, 사회적 자원은 희소성을 갖습니다. 모든 사람이 원하는 만큼 나눠 가질 수 있을 정도로 사회적 자원이 많다면 다툼이나 갈등은 생겨나지 않을 겁니다. 하지만 현실적으로는 한정되어 있기 때문에 자원을 서로 더 갖겠다고 하면 다툼이 생겨나겠지요.

제한된 자원을 누가, 언제, 어떻게 나눠야 할지 결정하는 것이 바로 정치입니다. 예컨대 피자 한 판을 주문했는데 서로 더 먹겠다고 여러 사람이 달려들면 갈등과 다툼이 생겨납니다. 누구는 배고프기 때문에 더 먹겠다고 할 수 있고, 누구는 자기가 피자를 유난히 좋아하기 때문에 더 먹어야 한다고 주장할 수 있습니다. 누구는 자기가 체격이 크기 때문에 더 많이 먹어야 한다고 말할 수 있습니다. 피자 한 판을 어떻게 쪼개야 모두가 만족할까요? 모든 사람이 만족할 수 있도록 피자를 나누는 것이 바로 정치의 역할이라고 생각하면 됩니다.

한 나라의 사회적 자원을 이야기할 때 얼른 생각해 볼 수 있는 것이 국가 예산입니다. 나랏일을 위해 마련한 돈이 예산이지요. 예산이 많으면 여러 곳에 더 많은 돈을 쓸 수 있어서 좋겠지만, 시민과 기업의 세금을 통해 조성되는 만큼 예산이 무한정 늘어날 수는 없습니다. 쓸 수 있는 재정 자원의 제한이 있는 겁니다. 그런데 정해진 예산 가운데 어느 한 분야에 대한 지출이 크게 늘면 그만큼 다른 분야의 예산은 줄게 됩니다. 예컨대 국방비가 많이 늘면 그 때문에 교육이나 농업 관련 예산은 줄어들 수 있습니다. 도로 건설에 돈이 많이 들어가면 그 대신 산림을 가꾸는 예산은 줄어들 수 있습니다.

이러한 예산의 문제는 '가치의 배분' 혹은 '어떻게 나눌 것인가'의 문제를 잘 보여 줍니다. 모두를 다 만족시킬 만큼 자원이 부족하기 때문에 배분의 문제가 중요해집니다. 국가 정책의 우선순위나 사안의 시급함이 이러한 자원의 배분 과정에 영향을 미치겠지만, 그럼에도 불구하고 사람들은 자신의 요구가 제일 중요하고 우선적으로 받아들여지기를 원합니다. 여기서 갈등이 생겨납니다.

피자나 예산 같은 눈에 보이는 것뿐만 아니라 보이지 않는 가치를 둘러싼 갈등도 생겨날 수 있습니다. 한 사회에서 여성의 지위가 낮다는 것은, 평판이나 권위와 같은 비물질적 가치가 남성에게 유리하게 배분되어 있음을 의미합니다. 비물질적 가치라고 해도 이러한 불평등한 배분은 갈등을 만들어 낼 수 있습니다.

때로는 물질적 가치와 비물질적 가치 간의 갈등도 생겨날 수 있습니다. 댐을 건설하면 전력이 생산되고, 농업용수와 공업용수가 생기며, 홍수도 예방할 수 있습니다. 물질적 가치가 생겨나는 겁니다. 하지만 자연환경은 훼손될 수밖에 없습니다. 지금 있는 그대로 자연환경을 보전하는 것을 더 중요하게 생각하는 사람도 있겠지요. 이 사람들은 비물질적 가치를 중시하는 겁니다. 여기서도 갈등이 생겨납니다.

이처럼 이해관계와 가치의 차이는 사회적 갈등으로 이어지게 마련입니다. 그러한 사회적 갈등을 원만하게 해결해야 평화로운 사회가 될 수 있겠지요. 사회적 가치를 '어떻게' 배분할지의 문제가 매우 중요합니다. 하지만 서로 다른 방식으로 배분하고 싶은 사람들이 있게 마련입니다. 누구는 댐 건설이 더 중요하다고 생각할 수 있고, 다른 누구는 환경 보전이 더 중요하다고 생각할 수 있습니다. 누구는 전통적 남녀 관계가 바람직하다고 생각할 수 있고, 누군가는 그것이 시대착오적이라고 생각할 수 있습니다.

여기서 '누가' 이러한 가치를 배분할지의 문제가 생겨납니다. 누가 나눌지를 결정하는 데에도 여러 가지 방법이 있습니다. 절대 권력을 지닌 한 사람이 자기 마음대로 나눌 수도 있습니다. 그로 인해 혜택을 보는 사람도 있겠지만 대다수 사람은 다 불만일 겁니다. 그 결정이 언제나 공정하게 이뤄질 것이라 기대하기도 어렵습니다. 사회 구성원 모두의 의견을 묻고 동의를 구해서 배분 방식을 정한다면 훨씬 평화롭고 원만한 해결책이 될 수 있습니다.

자기 입장을 대변할 대표자를 선출하고, 그들이 모여 협상, 양보, 타협을 통해 차이를 좁혀 합의안을 도출한다면 그 결정에는 동의할 사람이 많을 겁니다. 이것이 민주주의 국가에서 행하는 가치 배분 방식입니다. 민주주의 사회에서 가치의 배분은 국민의 동의를 전제로 합니다. 국민을 대신한 정치적 대표자들이 한데 모여 사회적 가치를 배분하는 방식을 결정하게 됩니다. 국민을 대신한 정치적 대표자가 바로 국회의원들이지요. 이 때문에 국회에서의 법과 예산에 대한 토의와 결정이 사회적 가치를 나누는 데 중요한 역할을 합니다. 이것이 정치의 중심에 국회가 놓이는 이유이기도 합니다.

| 함께 생각해 봅시다 | 알아 두면 쓸모 있을 정치적 질문

- 국회 밖에서 일어나는 정치 현상에 대해 생각해 봅시다.
- 사회 질서가 무너졌을 때 일어날 수 있는 결과를 다른 나라나 역사의 사례를 통해 생각해 봅시다.
- 자연을 보호하자는 환경 운동도 정치라고 볼 수 있는지 생각해 봅시다.

2장
세종은 왜
용비어천가를
지었을까?

권위를 세우다

세종이 한글을 만든 진짜 이유는 뭘까요?

다른 나라의 문자를 접할 때마다 한글이 참 편하다는 생각을 합니다. 우리글이니까 그렇다고 생각할 수도 있지만, 자음과 모음을 합치면 어떤 소리라도 표현할 수 있다는 게 과학적이기도 하고 또 매우 편리하기도 합니다. 외국 문자에는 글자대로 발음되지 않는 것이 많지요. 예를 들면 restaurant은 '레스타우란트'가 아니라 영어라면 '레스트란트', 프랑스어로는 '레스토랑'에 가까운 발음입니다. 글자만으로 발음을 정확히 알기 어렵습니다. 이 때문에 우리말을 배우는 외국 사람들도 한글이 배우기 쉽다고 합니다. 세종 대왕은 참으로 우리에게 큰 선물을 줬습니다.

세종은 1443년에 훈민정음을 만들었고 1446년에 이를 반포했습니다. 훈민정음은, '가르치다'는 뜻의 훈訓, '백성'이라는 뜻의 민民, '옳다', '바르다'는 뜻의 정正, 그리고 '소리'를 뜻하는 음音이 합쳐져 '백성을 가르치는 바른 소리'라는 뜻입니다. 당시 지배층인 양반은 한자를 읽고 쓸 줄 알았지만, 일반 백성은 한자를 모르니 문자를 읽을 수 없었습니다. 이 때문에 세종은 백성들이 쉽게 글을 읽고 쓸 수 있도록 한글을 만들어 배포한 것입니다.

훈민정음 머리말에는 '나라의 말이 중국과 달라서 한자와 서로 맞지 않다. 이 때문에 글을 모르는 백성이 말하고 싶은 바가 있어도 제 뜻을 표하지 못한다. 내가 이들을 불쌍히 여겨 새로 스물여덟 자를 만드니, 누구나 쉽게 익혀 날마다 쓰는 데 편해졌으면 한다'고 적혀 있어, 세종이 백성을 위해 한글을 창제했다는 것을 밝힙니다.

그런데 세종이 훈민정음을 만든 후 처음으로 펴낸 책은 무엇

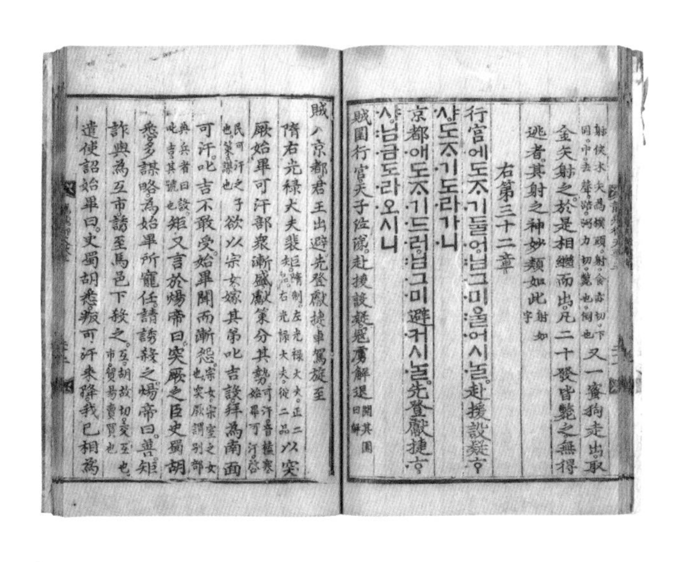
行宮에도ᄌᆞ기둘어늘님그미울어시ᄂᆞᆯ赴援設疑ᄒᆞ샤도ᄌᆞ기도라가니
京都애도ᄌᆞ기드러님그미避커시ᄂᆞᆯ先登獻捷ᄒᆞ샤님금도라오시니
右第三十二章

조선 왕조 건국의 정당성을 강조한 《용비어천가》

일까요? 바로 《용비어천가》입니다. 《용비어천가》는 1445년에 만들어졌고 1447년에 발간되었다고 합니다. '용비어천가'는 '용이 날아올라 하늘에 오름을 노래함'이라는 의미입니다. 용은 무엇을 뜻할까요? 왕을 뜻하는 것이겠지요. 용은 하늘로 올라가야 합니다. 그렇지 않으면 용이 못 되고 이무기가 되고 맙니다. 《용비어천가》는 조선의 건국이 하늘의 뜻이며, 그러한

하늘의 뜻이 오래전부터 있어 왔음을 이야기하고 있습니다.

첫 구절을 한번 볼까요?

해동海東 **육룡**六龍**이 나르샤 일마다 천복**天福**이시니**

고성古聖**이 동부**同符**하시니**

'해동'은 우리나라를 말합니다. '육룡'은 세종의 아버지 태종(이방원), 할아버지 태조(이성계)뿐만 아니라 그 위의 4대 선조까지를 말합니다. 세종 이전 6대 조상이 모두 하는 일마다 하늘의 복을 받았다는 것입니다. 이는 조선 건국이 하늘의 뜻이라는 의미이지요. '고성이 동부하시니'는 이들 조상의 경우가 옛날 중국에 있던 어진 임금들과 똑같이 들어맞는다는 뜻입니다. 당시 동아시아에서 정치, 문화의 세계 중심은 중국이었습니다. 이 때문에 중국의 사례와 똑같다는 것은 그만큼 '천복을 받은 육룡'에 대한 무게감, 권위를 부여하는 비유입니다. 당시 세계의 중심이었던 중국과 마찬가지로 이성계의 조상들이 모두 어진 임금들이었기 때문에 나라를 세우게 되었다는 것이지요.

《용비어천가》 30장에는 이런 글도 있습니다.

뒤에는 모진 도둑, 앞에는 어두운 길인데 없던 번개를 하늘이 밝히시니
뒤에는 모진 짐승, 앞에는 깊은 못인데 얇은 얼음을 하늘이 굳히시니

한밤중에 뒤에서 무서운 도둑이 쫓아올 때 하늘이 번개를 내려 길을 밝혀 도둑에게서 벗어나게 해 주었고, 무서운 산짐승이 뒤에서 쫓아올 때 앞에 큰 연못이 있어 오도 가도 못 하게 된 위험한 상황에서 하늘이 연못을 꽁꽁 얼려 피할 수 있게 해 주었다는 겁니다. 왜 하늘은 어려운 상황에 빠진 이성계를 도왔을까요? 조선을 세우도록 하기 위한 하늘의 뜻이 있었기 때문이라는 의미이지요. 《용비어천가》 내용을 요약하자면, 이성계가 조선을 세운 것은 이미 그 오래전부터 하늘의 뜻으로 준비되어 온 일이라는 겁니다.

조선이 건국된 시점은 1392년입니다. 《용비어천가》가 만들어진 때는 1445년이니까 50여 년의 시간이 흐른 뒤였습니다. 왜 세종은 백성을 위해 한글을 만든 후 첫 작품으로 《용비어천가》를 지었을까요?

우선 조선 건국 과정에 대해 간략히 살펴보겠습니다. 918년, 태조 왕건은 통일 신라 이후의 혼란기, 곧 후삼국 시대를 끝낸

뒤 고려를 건국했습니다. 오랜 세월이 흘러 중국에서 원나라와 명나라 간 정권이 교체되던 시기에 고려와 명나라는 사이가 좋지 않았습니다. 1388년, 고려 우왕은 명나라의 요동을 정벌하기로 하고 이성계, 조민수를 파병했습니다. 하지만 전쟁에 반대해 온 이성계는 위화도에서 군사를 돌려 압록강을 건너 되돌아왔습니다. 이를 위화도 회군이라고 합니다. '회군回軍'은 군대를 돌렸다는 뜻입니다. 회군 이후 이성계는 수도 개경에 진입해 군의 실권자인 최영을 제거하고 우왕을 폐위시켰습니다. 요즘 말로 하면 군사 쿠데타를 일으킨 셈입니다. 그 후 이성계는 창왕, 공양왕 등 실권이 없는 명목상의 왕을 세웠다가 1392년에 마침내 자신이 국왕에 오르게 됩니다. 고려가 망하고 조선이 건국된 것입니다.

조선이 세워졌지만, 백성들은 이성계를 임금으로 선뜻 받아들이기가 쉽지 않았습니다. 군사력을 가졌기 때문에 겉으로는 무서워하면서도 마음속으로는 그렇지 못했을 겁니다. 918년에 왕건이 고려를 세운 이후 1392년 공양왕이 이성계에게 왕위를 넘겨줄 때까지 고려 왕조는 474년 동안 유지되었습니다. 그 긴 시간 동안 국왕의 자리에 앉는 사람은 모두 왕건의 후손,

곧 왕王씨였습니다. 그런데 갑자기 이李씨 성을 가진 사람이 나타나 이제부터 자기가 왕이라고 나선 것이지요. 지금까지 임금은 당연히 왕씨였는데 이씨가 왕이라고 하니 백성들은 납득하기 어려웠습니다. 백성들의 이런 마음은 태조 이성계와 태종 이방원을 거치면서도 완전히 사라지지 않은 모양입니다.

그래서 세종은 일반 백성이 읽을 수 있는 문자인 한글을 만든 뒤 제일 먼저 《용비어천가》를 지었습니다. 조선의 건국은 군사 쿠데타로 이뤄진 것이 아니라 하늘이 점지해 준 사건이었음을 백성에게 알리고, 하늘의 뜻이기 때문에 정당한 일이었음을 강조한 것이지요.

그런데 조선이 건국된 후에도 일반 백성들은 왜 왕씨 성을 지닌 사람이 국왕이 되는 걸 당연하게 생각했을까요? 거기에는 특별한 이유가 없습니다. 오랫동안 왕씨 성을 가진 사람만 왕이 되었기 때문입니다. 내가 태어났을 때도 우리나라 임금은 왕씨였고, 우리 부모님 때도 왕씨였고, 우리 할아버지와 할머니 때도 왕씨였고, 그 윗 조상 때도 왕씨였기 때문에 왕씨가 국왕이 되는 일은 너무나 당연했습니다. 이처럼 어떤 사람이 권력을 차지한 일을 옳고 당연하게 받아들이는 것을 권력의 '정통성', 혹은 '정당성'(영어로는 legitimacy)이 있다고 합니다. 《용비어천가》는 조선 건국의 정통성에 의구심을 갖는 사람들에게, 하늘의 뜻을 내세워 조선 건국의 정당성을 설명하고자 한 것입니다.

초자연적 권위

정통성에는 여러 가지 배경이 있을 수 있습니다. 조선 초에 백성들이 임금은 왕씨 성을 가진 사람이어야 한다고 생각했던 것은 정통성의 배경을 오랜 시간, 즉 전통에서 찾았기 때문입니다. 이를 '전통적 권위'에 기반한 정통성이라고 합니다.

이에 비해 《용비어천가》에서 세종이 강조하려고 한 바는 하늘의 뜻, 즉 '초자연적 권위'입니다. 하늘이 조선을 세우라는 계시로 이성계에게 어두운 길도 밝혀 주고 호수도 꽁꽁 얼어붙게 만들어 주었다는 겁니다. 이처럼 하늘의 뜻을 강조하여 통치의 정당성을 강조한 경우는 세계 여러 곳에서 나타납니다.

고대 통치자는 정치 지도자이면서 동시에 제사장, 곧 종교 지도자였습니다. 어쩌면 종교 지도자라는 지위가 정치적으로 더 큰 위력을 가졌을지도 모릅니다. 하늘의 뜻을 아는 사람이기 때문이지요. 고대 이집트에서는 국왕 파라오가 태양의 신을 대신해 이집트를 통치한다고 여겼습니다. 그보다 한참 뒤인 17세기 무렵, 유럽 국가들에서는 왕권신수설이 제기되었습니다. 왕권신수설은 '왕의 권력은 신이 수여한 것이다'라는 뜻입니다. 즉, 왕의 권력은 하늘이 내린 것이라는 의미입니다. 그렇기 때문에 왕에게 함부로 대들거나 잘못을 지적하기 어려웠겠지요. 이처럼 왕권신수설은 17세기 유럽의 절대 왕정 시대에 권력의 정당성을 신으로부터 찾으면서 국왕의 권력을 강화하기 위한 방편으로 이용되었습니다.

동양에서도 이런 모습은 나타납니다. 명나라 영락제가 수도를 난징에서 베이징으로 옮기면서 왕궁의 정문을 승천문承天門이라고 불렀습니다. 승천은 '하늘의 뜻을 받든다, 하늘의 뜻을 계승한다'는 의미입니다. 그 후 명나라를 이은 만주족의 청나라는 승천문의 명칭을 천안문天安門으로 바꿉니다. 지금 중국 베이징 중심부에 있으며 마오쩌둥의 사진이 걸려 있는 큰 문이지요. 텔레비전에서 본 적이 있을 겁니다.

천안문이 무슨 뜻일까요? 천안이라는 단어는 '수명우천, 안

방치민受命于天 安邦治民'에서 따온 말인데, '하늘로부터 명을 받아 나라와 백성을 평안하게 다스린다'는 의미입니다. 즉, 청나라 황제가 중국을 다스리는 것은 하늘의 명을 받았기 때문이라는 겁니다. 실제로 중국의 왕은 '천자天子'라 불렸습니다. 하늘을 대신하여 다스리는 사람이라는 뜻이지요. 일본의 왕도 '천황天皇'이라고 부릅니다. 중국에서와 마찬가지로 권위와 정당성의 원천을 하늘에서 찾는 겁니다.

카리스마적 권위

권력의 정통성과 관련해서 전통적 권위, 초자연적 권위 이외에 카리스마적 권위도 있습니다. 카리스마는 매우 특별한 역량과 자질을 갖춰 존경의 마음과 추종하고 싶은 생각을 들게 만드는 힘입니다. 표준국어대사전에는 '예언이나 기적을 나타낼 수 있는 초능력이나 절대적인 권위'라고 되어 있습니다. 예언이나 기적까지는 아니더라도, 보통 사람들이 쉽게 하기 어려운 일을 성취해 내는 능력을 지닌 사람을 카리스마를 가졌다고 합니다.

오늘날의 중국을 세운 지도자 마오쩌둥을 예로 들어 볼까요? 1934년, 당시 중국 공산당은 장제스가 이끄는 국민당 군대에 밀려 어려운 상황에 처했습니다. 이때 마오쩌둥은 살아남은 병력 8만여 명을 이끌고 서북부로 후퇴하여 진지를 구축합니다. 국민당의 공격을 피해 산시성 정강산까지 1만 2,500킬로미터를 걸었는데 (서울에서 부산까지가 400킬로미터 조금 안 됩니다) 도피하는 도중에 양자강을 비롯한 넓은 강도 여러 차례 건너야 했고 해발 4,000미터가 넘는 높은 산도 여러 차례 넘어야 했습니다. 이를 대장정이라고 합니다.

대장정 도중에 많은 사람이 죽었지만 결국 마오쩌둥의 군대는 위기에서 벗어났고, 다시 힘을 결집해 결국 장제스의 국민당을 물리치고 중국을 지배하게 됩니다. 대장정이라고 하는, 보통 사람이 생각하기 어려운 결정을 내린 마오쩌둥은 그 거칠고 험난한 여정을 성공적으로 이끌었습니다. 그 여정을 한번 상상해 보세요. 아무나 하기 어려운 일이라는 걸 쉽게 알 수 있습니다. 이런 과정을 거치면서 마오쩌둥은 카리스마적 권위를 갖게 되었습니다. 마오쩌둥은 일반 사람은 쉽게 지닐 수 없는, 정치 지도자로서 매우 특별한 역량과 자질을 중국 혁명 시기에 보여 준 겁니다. 이런 인물에 대해서는 국민이 정치 지도자로서 그 권위를 자연스럽게 수용하고 인정하게 되겠지요. 그것이 '카리스마적 권위'에 기반한 정통성이라고 합니다.

이러한 사례가 보여 주듯이 카리스마적 권위는 평범하고 안정적인 시기보다는 전쟁이나 혁명, 내전 등 험난하고 힘든 시기에 지도자로서 뛰어난 자질과 역량을 보여 줄 때 자주 생겨납니다. 우리나라에서도 권위주의 정권의 억압과 통제에 맞서 용기 있게 저항하고 반대 세력을 이끈 김영삼이나 김대중 같은 정치인들이 민주화 이후 매우 강한 정치적 권위를 지녔습니다. 그들도 카리스마적 권위를 지녔다고 할 수 있습니다.

민주적 권위

오늘날에는 통치자가 갖는 권력의 정당성을 어디서 찾을까요? 민주화된 나라에서 권력의 정통성은 국민의 동의에서 비롯됩니다. 국민의 지지를 받아야 권력이 정당성을 갖게 되는 것입니다. 오늘날 민주주의 국가에서 권력에 대한 정당성의 원천은 '민주적 권위'에 기반하고 있습니다.

그렇다면 국민의 지지와 동의는 어떻게 확인할 수 있을까요? 바로 선거를 통해서입니다. 선거에서 경쟁하는 여러 후보자 가운데 국민으로부터 지지를 많이 받은 사람이 권력을 맡아 임기 동안 통치를 담당하게 되는 것이지요. 민주적 권위를 갖기 위해 제일 중요한 조건은 바로 공정하고 자유로운 선거입니다. 선거는 공정해야 하고 투표자들은 자유롭게 자신이 좋아하는 후보자에게 표를 던질 수 있어야 합니다. 당연한 이야기 아니냐고 할 수 있지만, 사실 세상 모든 나라에서 자유롭고 공정하게 선거를 실시하는 것은 아닙니다.

우리와 가까운 북한을 보면, 선거를 실시하기는 하지만 여러 후보가 경쟁하지 않습니다. 북한의 선거는 정해진 후보에 대해 찬성과 반대 의사를 표시하는데, 현실적으로 반대표를 던질 수도 없습니다. 선거는 '경쟁과 선택'이 제일 중요한 조건이지만 경쟁도 선택도 허용되지 않는 겁니다.

선거에서 여러 후보가 경쟁하는 것처럼 보이는 나라 중에서도 선거가 공정하게 이뤄지지 않는 곳이 많습니다. 정부가 선거에 개입하거나 야당을 탄압하기도 하고 심지어 불법적으로 표를 바꿔치기도 합니다. 우리나라도 과거에 그런 일을 겪

1960년 3월 15일 부정 선거에 항의하는 학생들

었습니다. 공무원들이 조직적으로 여당 선거 운동을 하고 야당 선거 운동을 방해했습니다. 심지어 투표함에 여당 후보의 표를 미리 집어넣어 두기도 했습니다. 이렇게 선거를 하면 당선되더라도 민주적 정당성을 갖는다고 말하기 어렵습니다. 하지만 우리 국민은 자유롭고 공정한 선거에 대한 열망이 무척 컸습니다. 그래서 국민이 직접 나서서, 선거에서 저질러진 부정과 불법을 비판하고 국민의 뜻이 제대로 반영되는 선거가 되어야 한다고 외쳤습니다.

1960년 3월 15일, 대통령과 부통령 선거가 실시되었습니다. 당시 이승만 대통령과 자유당은 승리를 위해 공무원들을 대상으로 '부정 선거 교육'까지 시켰습니다. 투표가 시작되기도 전에 자유당의 이승만 대통령 후보와 이기붕 부통령 후보의 표를 미리 찍어 투표함에 40%가량 넣어 두도록 했습니다. 그리고 경찰뿐만 아니라 폭력배까지 동원해 야당의 선거 운동원들을 탄압하고 유권자들에게도 압력을 가했습니다.

이러한 선거 부정에 대해 학생들이 들고일어났습니다. 학교에서 배운 민주주의와는 너무나 달랐기 때문입니다. 학생들의 저항에 교수, 언론인, 문인을 비롯하여 많은 사람이 동조했고 결국 이승만 대통령은 선거 부정에 책임을 지고 물러나야 했습니다. 이것이 4·19혁명입니다.

민주화의 중요한 고비가 되었던 1987년의 6월 항쟁도 자유롭고 공정한 선거에 대한 우리나라 국민의 열망이 표출된 결과입니다. 제5공화국에서 대통령을 뽑는 방식은 국민이 직접 선출하는 것이 아니라, 선거인단이라는 대표자를 선출해서 그 사람들이 체육관 같은 곳에 모여 간접적으로 대통령을 뽑는 것이었습니다. 선거인단이라는 사람들은 대부분 여당에 가깝고 권력의 말을 잘 듣는 사람들이었습니다. 1972년, 유신 체제 때부터 이렇게 '체육관 선거'를 했습니다. 유신 체제 붕괴 이후 국민들은 민주적인 선거를 기대했지만 뒤이은 전두환 정권이 계속해서 국민의 정치적 선택권을 사실상 빼앗아 버렸습니다. 1987년의 6월 항쟁은 '대통령 직선제 개헌'이라는 구호로 결집했습니다. 내 손으로 대통령을 제대로 뽑고 싶다는 것이지요. 그것은 바로 공정하고 자유로운 선거를 실시해야 한다는 요구였습니다. '체육관 선거'는 경쟁과 선택을 모두 배제한 매우 불공정한 방식이었기 때문입니다.

이러한 국민적 요구가 민주화 운동으로 이어졌고 마침내 6·29민주화 선언과 함께 민주주의가 자리 잡게 되었습니다. 이처럼 대한민국의 민주화 과정에서 중요한 두 사건이 4·19혁명과 6월 항쟁입니다. 두 사건 모두 자유롭고 공정한 선거를 원했던 우리 국민의 뜻이 폭발적으로 터져 나온 결과였습니다. 민주적 권위에 기반한 권력의 정통성. 그것이 우리 국민이 원했던 정치 지도자의 모습이었습니다. 우리나라가 민주주의 국가로 발전해 올 수 있었던 것도 민주적 정통성에 대한 우리 국민의 열망 때문이었습니다.

권력은 총칼로 유지할 수 없습니다. 국민이 통치자의 정통성을 인정해야만 안정적으로 나라를 다스릴 수 있습니다. 그것은 지금만 그런 것이 아니라, 앞에서 살펴본 대로 세종이 살던 시기에도 그랬고 그 이전에도 그랬습니다. 오늘날에는 세계적으로 민주주의가 확고한 규범으로 자리 잡았습니다. 그 때문에 국민의 동의에 기반한 권력, 즉 민주적 정통성이 무엇보다 중요합니다.

| 함께 생각해 봅시다 | 알아 두면 쓸모 있을 정치적 질문

- 역사 속 지도자들 가운데 '초자연적 권위', '카리스마적 권위', '민주적 권위'에 해당하는 인물들의 사례를 더 찾아보고 자신은 어떤 유형의 지도자가 좋은지 그 이유를 생각해 봅시다.
- 우리나라에서 과거 권위주의 시대에 억압적인 환경에서도 반정부 시위가 끊이지 않았습니다. 왜 그런 일이 발생했는지 생각해 봅시다.
- 1987년 한국의 민주화 운동을 민주적 권위의 확립이라는 관점에서 생각해 봅시다.

3장
왜 아직도
왕이 나라를
다스릴까?

국민이 선출하다

왕과 대통령은 무엇이 다를까요?

텔레비전이나 영화에서 사극을 보면 왕이 나옵니다. 고구려의 시조 동명 성왕 주몽, 신라의 선덕 여왕, 백제의 근초고왕, 고려 태조 왕건, 조선 태조 이성계, 태종 이방원, 인조, 영조, 정조 모두 드라마나 영화에 종종 등장한 국왕들입니다. 이처럼 우리나라는 아주 오랫동안 국왕이 통치하는 군주제 국가였습니다. 그러나 이제는 국민이 선출한 대통령이 통치하는 대통령제 국가가 되었습니다.

한 가지 흥미로운 사실은 일제 강점기에 나라를 되찾기 위해 애썼던 독립운동가들이 꿈꿨던 새로운 나라는 왕이 다스리는 나라가 아니었다는 점입니다. 500년 이상 지속되어 온 조선 왕조가 일본의 강압으로 무너졌으니 그 왕조를 부활시켜야 한다고 생각할 수도 있었을 텐데 말입니다. 물론 그런 생각을 한 사람들이 전혀 없지는 않았지만, 독립운동가 대다수는 국왕을 중심으로 하는 나라가 아니라 국민이 주인이 되는 공화국을 구상했습니다. 아마도 국왕의 무능과 잘못으로 나라를 빼앗겼다고 생각했기 때문인지 모르겠습니다. 이웃한 중국에서 청나라를 무너뜨리고 중화민국을 선포한 1911년의 신해혁명도 영향을 미쳤습니다. 그래서 1919년 대한민국 임시 정부의 임시 의정원(지금으로 치면 국회)에서 처음으로 공화국을 선포했습니다. 그리고 1948년 제헌 국회에서도 공화국을 선포했고 대한민국은 대통령이 통치하는 나라가 되었습니다.

그런데 눈을 밖으로 돌려 보면 여전히 국왕이 있는 나라가 많습니다. 영국이 대표적입니다. 영국 여왕과 영국 왕실의 이야기는 세계적으로 많은 관심의 대상이 되고 있습니다. 일본에도 왕이 있고, 태국에도 국왕이 있습니다. 또 네덜란드, 벨기에,

스페인, 스웨덴, 노르웨이, 모나코에도 왕이 있습니다. 중동의 사우디아라비아, 쿠웨이트, 요르단, 그리고 아시아의 브루나이, 부탄에도 왕이 있습니다. 국왕이 있는 나라, 곧 군주국이 생각보다 많이 있습니다.

그런데 국왕이 있다고 해도 그 역할은 나라마다 차이가 있습니다. 사우디아라비아, 쿠웨이트, 브루나이와 같은 나라에서는 국왕이 직접 통치를 담당합니다. 하지만 영국, 일본, 스웨덴 등 훨씬 많은 수의 나라에서는 국왕이 직접 통치하지는 않습니다. 영국에서는 이를 두고 "국왕은 군림하지만 통치하지 않는다."고 표현합니다. 영국에서 국왕은 국가의 상징적인 최고 지도자라는 겁니다. 그리고 경제 정책, 외교 정책, 교육 정책 등 실제 통치를 담당하는 사람은 총리입니다.

영국뿐만 아니라 이런 형태의 군주제에서는 국가를 다스리는 역할이 국왕과 총리로 분리되어 있습니다. 국왕은 상징적 최고 지도자이고, 총리가 국정 운영의 책임자가 됩니다. 총리는 형식적으로 국왕이 임명하지만 실제로는 국민이 선거를 통해 선출합니다. 이런 군주제를 '입헌 군주제'라고 합니다. '입헌'이라는 표현이 앞에 붙는 것은 '헌법에 따라' 군주제가 운영

된다는 뜻입니다. 왕이 있더라도 나라를 다스리는 방식이나 정부의 구성을 '국왕 마음대로'가 아니라 헌법에 규정된 대로 따라야 한다는 의미입니다.

국왕에서 국민으로

입헌 군주제 국가에서도 옛날에는 국왕이 직접 통치했습니다. 그런데 민주주의가 점차 발전하면서 국왕이 직접 통치하지 않고, 국민의 뜻에 따라 나랏일을 책임지고 맡을 사람에게 그 권한을 넘겨주게 된 것입니다. 그 변화의 과정을 간략히 살펴볼까요?

처음에는 국왕이 직접 나라를 다스리면서, 의회 의원 중 자기 일을 도와주거나 자문해 줄 사람을 골라 일을 맡겼습니다. 이런 사람들이 왕의 주변에 모여 국왕의 관심사와 나랏일에 대해 함께 논의했겠지요. 이런 사람들의 모임을 '내각'이라고 했는데, 영어로는 캐비닛cabinet이라고 합니다. 이 말의 어원은 프랑스어나 이탈리아어로 '작은방'이라는 뜻입니다. 그러니까 왕궁의 작은방에 모여 국왕의 일을 돕거나 자문하는 사람들의 모임을 내각이라고 불렀습니다. 이후 나랏일을 하는 데 의회의 역할이 점차 중요해지기 시작했습니다. 또 한편으로는 국왕이 전쟁이나 왕궁 건설 등을 위해 쓸 돈이 필요할 때 의회의 동의를 구해야만 세금을 더 거둘 수 있었고 전쟁 수행도 가능해졌습니다. 국왕은 점점 더 의회에 의존하게 되었지요.

한편, 산업 혁명 이후 시민 계급이 등장하면서 민주주의에 대한 요구가 커져 갔습니다. 시민 계급은 귀족 등 소수에게 국한되어 있던 정치 참여의 권리를 요구했지요. 점차 계급이나 재산과 무관하게 정치 참여의 권리가 확대되었고, 선거를 통해 국민의 뜻을 반영하는 일이 더욱 중요해졌습니다. 이에 따라 국왕이 아니라 국민의 뜻을 반영하는 의회 내 정치 세력이 나라를 다스리게 되었지요. 이러한 과정들을 거치며 국왕이 직접 통치하던 방식에서, 총리와 내각이 통치하는 의원 내각제 혹은 의회제라고 부르는 형태로 변화하게 된 것입니다. 내각제는 이처럼 역사적 '진화evolution'의 소산입니다.

내각제는 어떤 특성이 있는지 살펴볼까요? 내각제에서 국가 주요 정책을 결정하고 추진하는 정치 지도자는 총리입니다. 총리는 어떻게 결정될까요? 우리나라에서는 대통령이 국무총리를 임명합니다. 내각제 국가에서도 형식적으로는 국왕 혹은 다른 국가 원수가 총리를 임명합니다. 그러나 실제로는 선거를 통해 총리가 결정됩니다. 우리나라 국회의원 선거를 생각해 볼까요? 선거 때가 되면 각 정당은 후보자를 내세워 경쟁합니다. 우리나라에서는 선거 결과로 의석을 제일 많이 차지한 정당이 국회를 이끌게 됩니다. 즉, 국회의원 선거로는 입법부를 주도하는 정당이 결정되고, 행정부의 가장 높은 자리인 대통령은 별도의 대통령 선거를 통해 결정됩니다.

그런데 내각제 국가에서는 행정부도 의회 선거를 통해 구성합니다. 의회 선거에서 어느 한 정당이 절반 이상 의석을 얻으면 권력을 차지하게 됩니다. 대통령제와 달리 내각제에서는 총리 혼자 통치하는 것이 아니라 정당이 집단적으로 통치를 담당합니다. 따라서 어떤 정당이 의회 내 과반 의석을 차지하면 그 정당이 정부를 구성합니다. 정당이 통치를 담당하기 때문에 그 정당의 지도자가 총리가 되고, 당 소속 의원들이 장관, 차관직을 맡아 나라를 이끌게 됩니다. 이처럼 의원들이 정부를 이끌기 때문에 의원 내각제라고도 부르는 겁니다.

그런데 선거를 치렀지만 어느 정당도 단독으로 과반 의석을 얻지 못하면 어떻게 될까요? 영국에서는 대체로 보수당이나 노동당 두 곳 중 한 정당이 단독으로 절반 이상의 의석을 차지합니다. 그러나 대부분의 내각제 국가에서 한 정당이 단독으로 과반 의석을 차지하는 일은 매우 드뭅니다. 이런 경우에는 두세 개의 정당이 협의해서 정부를 함께 구성합니다. 이를 '연립 정부'라고 합니다. 연립 정부를 구성하는 정당들 가운데 의석이 가장 많은 정당에서 총리를 맡고, 다른 장관직은 협의를 통해 정당별로 배분해 함께 나랏일을 이끌게 됩니다.

예를 들면 2021년에 출범한 독일의 사회민주당 정부는 자유민주당, 녹색당과 함께 연립 정부를 구성했습니다. 사회민주당은 7석, 녹색당은 5석, 자유민주당은 4석의 장관직을 나눠 맡았습니다. 총리, 내무부 장관, 노동부 장관, 도시 개발 건축부 장관은 사회민주당이 맡았고, 부총리와 외무부 장관, 환경 원자력 안전부, 농업 식품부 장관은 녹색당이, 그리고 재무부 장관, 법무부 장관, 교육부 장관은 자유민주당이 맡았습니다. 또 2022년 네덜란드에서는 자유민주당, D66, 기독교민주당, 기독교연합당 등 네 정당이 연립 정부를 구성했습니다.

이렇게 두 개 이상의 정당이 연립 정부를 구성하면, 한 정당이 단독으로 정부를 이끌 때보다 정당 간 협의를 거쳐야 하니 좀 번거로울 수도 있지만 동시에 서로 논의하고 타협해서 나랏일을 결정하고 끌고 나갈 수밖에 없기 때문에 아무래도 더 많은 국민의 생각과 이해관계가 정책에 반영될 수 있습니다.

이렇게 구성된 총리와 장관들이 모여 논의하고 결정하는 회의체가, 앞서 말한 대로 '내각'입니다. '내각제'라는 말은 여기서 나왔습니다. 내각 회의는 대통령과 총리, 장관이 모여 회의하는 우리나라의 국무 회의와 외형상 비슷합니다. 우리나라 국무 회의는 대통령을 중심으로 한 회의체이지만, 내각 회의는 참석자 간 상대적으로 대등한 관계에서 논의가 이뤄집니다.

총리를 영어로는 prime minister라고 하는데, minister는 원래는 '국왕의 일을 돕는 신하'를 의미합니다. 요즘의 장관이라고 생각하면 될 것 같습니다. prime은 '최고의, 주요한'이란 뜻입니다. 그러니까 총리는 국왕의 여러 신하 가운데 최고의 신하, 혹은 가장 주된 역할을 하는 장관이라고 할 수 있는 것입니다. 대통령처럼 다른 보좌진이나 참모 '위에' 존재하는 자리가 아니라, 총리는 내각을 구성하는 여러 장관 가운데 상대적으로 가장 높은 자리일 뿐입니다. 내각 회의가 장관들 간 대등한 방식으로 토의가 이뤄질 수 있는 이유입니다.

총리가 되려면 오랜 경륜을 쌓아야 합니다. 총리는 정당 지도자이기 때문에 일단 정당 안에서 신뢰와 지지를 얻어야 하지요. 또한 선거에서 자기 당이 승리할 수 있도록 나랏일을 잘 이끌어 갈 만한, 역량 있고 리더십 있는 지도자라는 국민의 평가도 받아야 합니다. 앙겔라 메르켈 전 독일 총리의 이력을 한번 볼까요?

동독 출신인 메르켈은 독일이 통일된 1990년 선거에서 기독교민주연합(기민당) 소속으로 처음 연방 의회 의원으로 당선되었습니다. 그리고 1991년 헬무트 콜 총리의 내각에서 여성청소년부 장관직을 맡았습니다. 1994년부터 1998년 사이에는 환경, 자원 보존, 방사능 안전과 관련된 업무를 담당하는 환경부 장관이 되었습니다. 기민당이 야당이 된 1998년에는 당 사무총장을 맡았고, 2000년에는 당 대표가 되었습니다. 그러다가 2005년 총선에서 기민당이 승리하며 마침내 독일 총리가 되었고 그 이후 2021년까지 16년 동안 독일을 이끌었습니다. 메르켈은 총리가 되기 전까지 15년 동안 정부와 당에서 중요한 직책을 두루 거쳤습니다. 그동안 정당 사람들과 일반 국민 모두 메르켈을 평가할 수 있는 충분한 시간을 가졌지요. 그런 검증 기간을 거쳐 총리의 자리에 오르게 된 겁니다.

앞서 의회에서 다수 의석을 얻은 정당이 총리와 내각을 담당하게 된다고 했습니다. 그러니까 내각제에서 의회는 나랏일을 담당할 정당을 결정하고 또 총리 선출 권한을 갖습니다. 이와 동시에 의회는 내각이 그 일을 그만두게 할 수도 있습니다. 내각제에서 의회는 정부를 구성할 수도 있고 또 물러나게 할 수도 있는 겁니다. 의회 내 절반 이상의 의원들이 현재 내각이 나랏일을 제대로 못하기 때문에 그만두라고 결의하면 총리와 내각은 물러나야 합니다. 이것을 '불신임 투표'라고 합니다. 불신임 투표는 말 그대로 총리와 내각을 더 이상 신임할 수 없다는 뜻을 의회 내 투표로 보여 주는 것입니다. 내각제에서 정부는 의회 내 다수의 지지로 만들어지지만, 다수가 불신임하면 그 자리에서 물러나게 되는 것이지요. 이처럼 내각제에서는 의회 다수 의원의 신뢰를 안정적으로 유지하는 일이 중요합니다.

총리도 여기에 대응할 수 있는 권한을 갖고 있습니다. 바로 의회 해산권입니다. 형식적으로는 국왕과 같은 국가 원수에게 부여된 권한이지만, 실제로는 총리의 요청에 따라 의회 해산권을 행사합니다. 의회가 해산되면 다시 선거를 해서 의회를 새로 구성해야 합니다. 선거를 다시 하면 어떤 정당은 의석을 더 얻겠지만 다른 정당은 지금보다 의석을 잃을 수도 있습니다. 이 때문에 정당들이 함부로 내각에 대한 불신임 투표를 하기는 어렵습니다. 이처럼 내각제는 의회와 내각이 서로 '위협'할 수 있는 권한이 있고 그로 인해 안정을 유지할 수 있습니다.

독일 등 일부 내각제 국가에서는 내각의 안정성을 더 높이기 위한 별도 장치를 마련해 두고 있습니다. 독일에서는 불신임 투표를 할 때 야당들이 원하는 차기 총리를 미리 정하도록 했습니다. 야당들이 현 내각을 싫어하는 이유가 서로 다르더라도 불신임 투표는 함께할 수 있습니다. 예컨대 외국의 난민을 받아들이기로 내각이 결정한 데 대해, 한 정당은 난민을 받아들이는 것 자체를 비판할 수 있고 다른 정당은 왜 난민을 더 많이 받지 않느냐고 비판할 수 있습니다. 두 정당 모두 현 내각의 결정이 마음에 들지 않아서 불신임 투표에 함께 가담할 수는 있습니다. 하지만 완전히 서로 다른 생각을 가진 이 두 야당이, 현 내각이 물러났을 때 차기 총리를 누구로 할지에 대해 합의하기는 쉽지 않습니다. 이처럼 야당이 불신임 투표를 함부로 행하는 것을 막기 위해서, 불신임 투표가 통과되면 그다음에 누가 나랏일의 책임을 맡을지 미리 정하도록 한 것입니다. 이를 '건설적 불신임 투표'라고 합니다. '건설적'이라는 표현이 들어간 것은 바로 현재 내각을 몰아내려고만 하는 '파괴적' 투표가 아니라 그다음의 새 내각 구성까지를 생각해야 한다는 의미입니다.

상징적 지도자

영국, 일본 등과 달리 독일, 이탈리아, 아일랜드 등 여러 나라에는 내각제를 하지만 국왕이 없습니다. 이런 나라들에서는 의회 혹은 국민이 선출한 대통령을 국가의 상징적 최고 지도자로 삼습니다. 이탈리아나 그리스는 제2차 세계 대전 후 국민 투표로 왕정을 폐지하고 공화국으로 바꿨습니다. 이탈리아는 상원, 하원의원과 각 지역 대표들이, 독일에서는 연방 의회 의원과 그와 같은 수의 각 주 대표자들이 대통령을 선출합니다. 아일랜드에서는 국민이 직접 대통령을 선출합니다. 명칭은 대통령이지만 우리나라나 미국의 대통령과 달리 정책 결정이나 실행의 권한이 없고, 영국 여왕처럼 국민을 통합하는 상징적 지도자로 존재합니다.

한편 캐나다, 호주, 뉴질랜드, 자메이카, 그레나다, 파푸아뉴기니, 바하마 등 과거 영국 식민지였다가 독립한 영국 연방 국가들은 지금도 영국과 정치적, 문화적 관계를 유지합니다. 이들 나라의 국가 원수도 여전히 영국에 있는 여왕이지요. 공식 명칭은 각각 캐나다, 호주, 뉴질랜드의 국왕입니다. 하지만 여왕은 대부분의 시간을 영국에서 지냅니다. 그래서 이들 나라에서는 별도의 총독을 임명해 국가 원수 역할을 대신하도록 하고 있습니다. 물론 영국 여왕을 국가 원수로 삼을지 여부는 그 나라 국민이 결정할 사항입니다. 도미니카, 바베이도스, 피지, 모리셔스, 가이아나 등은 과거에 영국 여왕을 자기 나라 국가 원수로 삼았다가 그것을 폐지하고 공화국으로 전환한 경우입니다.

그런데 국왕이 있으면 뭐가 좋을까요? 일단 왕자와 공주의 화려한 결혼식, 왕궁 근위병 교대식처럼 전통적인 의전 행사를 떠올릴 수 있습니다. 동화책에서나 볼 법한 행사들을 국민들은 실제로 볼 수 있지요. 대표적으로 영국의 수도 런던에 가

버킹엄 궁전 앞에서 매일 열리는 왕실 근위병 교대식. 영국 런던의 대표적인 관광 코스이다.

면 왕궁과 왕족, 그리고 근위병의 모습을 보려고 모인 수많은 관광객을 만날 수 있습니다. 그런데 이게 전부일까요?

앞에서 잠깐 이야기했지만, 국왕 혹은 국가 원수는 외국에 대해서는 그 나라를 대표하고, 국내적으로는 국민을 통합하는 상징적 존재입니다. 그런데 내각제로 변화하면서 국왕은 현실

정치에서 한걸음 떨어져 있게 됩니다. 어떤 정책이 잘되든 잘못되든 그 책임은 국왕이 아니라 총리와 내각이 지는 것이지요. 그 대신 국왕은 모든 국민을 대표하면서 그 사회가 하나로 결집할 수 있는 통합의 구심점이 될 수 있습니다.

한 가지 예를 들어 보겠습니다. 조지 6세는 제2차 세계 대전 당시 영국 국왕이었습니다. 현재 영국의 국왕 엘리자베스 여왕의 아버지입니다. 당시 영국은 처칠 총리가 이끄는 거국 연립 내각(정파의 구분 없이 주요 정당이 모두 참여한 내각)이 전쟁을 수행하고 있었습니다. 제2차 세계 대전 때 유럽은 히틀러의 독일에 의해 대부분 점령당했습니다. 유일하게 남아 있던 영국에 대해 독일은 폭격기를 동원해 공중 폭격을 가했습니다.

수도인 런던도 그 폭격에서 예외가 아니었습니다. 그 위험한 상황에도 조지 6세는 부인과 함께 대부분의 시간을 런던의 버킹엄 궁전에 머물렀습니다. 실제로 국왕이 머문 버킹엄 궁전은 아홉 차례나 독일군의 폭격을 받았습니다. 매우 위험한 상황이었지만 국왕은 안전한 곳으로 피하지 않았고, 전쟁으로 일반 국민이 겪고 있는 고통과 위험을 똑같이 겪었습니다. 그리고 폭격 피해가 심각한 곳을 방문하여 어려움에 빠진 국민을 위로 하곤 했습니다. 미국이 주도하는 연합군이 반격에 성공한 노르망디 상륙 작전이 이뤄진 지 불과 열흘 뒤, 조지 6세는 프랑스로 건너가 참전한 영국군을 방문하고 격려했습니다.

조지 6세의 딸 엘리자베스(지금의 여왕)와 마가레트는 부모와 떨어져 런던 외곽의 윈저 성에 머물렀는데 이들처럼 당시 영국의 많은 어린이가 부모와 떨어져 안전한 곳에 머물렀습니다. 1940년 당시 열네 살이던 조지 6세의 큰딸 엘리자베스는 부모와 떨어져 지내는 어린이들에게, 불안해하지 말고 용기를 가지라고 격려하는 라디오 방송을 했습니다. 아마 엘리자베스 자신도 속으로는 몹시 불안했을지 모릅니다. 하지만 어린 공주의 방송을 들은 영국의 어린이들은 큰 위안을 받았습니다. 1945년 5월 8일, 독일이 패망하면서 마침내 유럽에서 전쟁이 끝이 났을 때 버킹엄 궁전은 축제의 중심지가 되었습니다. 전쟁의 고통을 국민과 함께 참아 낸 조지 6세는 영국 국민과 그 기쁨을 함께 나누었습니다. 조지 6세는 국민을 통합하는 국가 원수로서 국왕의 역할을 잘 보여 주고 있습니다.

대통령제에서 대통령은 행정부 수반이라는 정치적 역할을 담당하면서 동시에 국가 원수의 직책도 맡고 있습니다. 사실이 두 가지 역할은 서로 충돌하는 경우가 많습니다. 실제 정책을 책임지게 되면 모두를 만족시키기가 어렵기 때문입니다. 코로나 방역을 위해 모임을 제한하면 감염 확산을 막는 데는 도움이 되겠지만 식당이나 카페를 운영하는 사람들은 손님이 줄어 힘들어집니다. 복지 확대를 위해 세금을 올리면 그 재정으로 혜택을 받는 사람들은 좋아하겠지만 더 많은 세금을 내야 하는 사람은 불만을 가지게 됩니다. 그래서 우리나라 대통령은 국가 최고 지도자이긴 하지만, 정치에서 한걸음 떨어져 있는 내각제의 국왕이나 대통령과 달리 통합의 역할을 해내기 어려운 경우가 많습니다. 국민 통합의 상징으로서의 국가 최고 지도자의 존재, 우리도 고민해 봐야 할 문제입니다.

| 함께 생각해 봅시다 | 알아 두면 쓸모 있을 정치적 질문

- 대한민국의 공식 영문 명칭인 REPUBLIC OF KOREA에서 'REPUBLIC'이 어떤 의미인지 생각해 봅시다.
- 입헌 군주제와 대통령제, 내각제는 각각 어떤 장단점이 있는지 살펴보고, 한국의 정치 환경에서는 어떤 제도가 더 적합할지 생각해 봅시다.
- 한국에서 의원 내각제가 시행된다면 어떤 점을 보완하면 좋을지 생각해 봅시다.

4장
대통령은
언제부터
생겨났을까?

민주적 절차로 선출하다

대통령 직책은 어떻게 생겨났을까요?

우리나라 최고 정치 지도자는 대통령입니다. 대한민국은 5년마다 선거를 통해 대통령을 뽑습니다. 1948년, 이승만이 대한민국 초대 대통령으로 선출된 이후, 잠깐의 예외를 제외하면 계속 대통령이 나라를 이끌어 왔습니다. 이 때문에 대통령제는 우리에게 매우 익숙한 제도입니다. 그런데 생각해 보면, 옛날에는 대통령이라는 자리가 없었습니다. 우리나라뿐만 아니라 외국에도 그런 자리는 없었습니다. 대신 왕이 있었을 뿐입니다. 그렇다면 대통령이라는 자리는 언제 어떻게 생겨났을까요?

대통령제는 미국의 '발명품'이라고 할 수 있습니다. 영국의 식민지였던 미국은 영국과 전쟁을 거쳐 1776년 독립을 선언했습니다. 신대륙에 새로 나라를 만들었기 때문에 미국은 유럽 국가들처럼 국왕이나 귀족과 같은 전통적인 지배 계급이 없는 사회였습니다. 독립 선언을 할 무렵에는 이미 미국 땅에 열세 곳의 사실상 서로 다른 나라가 들어서 있었습니다. 그래서 이들 열세 개 나라는 미국이라는 하나의 나라로 합치면서 새로운 통치 체제를 만들어야 했습니다.

여기에는 물론 군주제도 한 가지 대안이 될 수 있었습니다. 미국에는 왕이 없지만, 필요하다면 영국이나 유럽 왕실의 혈통을 이어받은 누군가를 모셔다가 미국의 왕으로 만들 수도 있는 일이었습니다. 그런데 당시 미국의 정치 지도자들은 왕을 세울 생각이 전혀 없었습니다. 이들은 영국의 국왕이 권력을 함부로 휘두르며 자신들의 자유와 권리를 억압한 일을 떠올리며, 왕을 세우는 일은 매우 위험하다고 생각했습니다.

이 때문에 지도자를 한 명이 아니라 세 명을 세우자는 주장도 나왔고, 열두 명으로 구성되는 기구를 만들어 이들이 집단적으로 나라를 다스리도록 하자는 주장도 제기되었습니다. 하지만 미국이라는 국가를 세우는 일은 기존에 있던 열세 개의 서로 다른 지역을 묶어서 새로 하나의 나라로 만드는 일이었기 때문에 이들을 통합할 수 있는 강한 리더십이 필요했습니다. 왕은 아니지만 왕과 같은 역할을 할 강한 리더십을 갖춘 지도자, 당시 미국인들은 이처럼 모순된 목표를 추구했습니다. 결국 많은 논의 끝에 최고 지도자인 대통령 한 사람만 두기로 했습니다.

그런데 당시 헌법 제정에 참여한 미국의 지도자들('건국의 아버지들Founding Fathers'이라고 합니다)은 어디로든 권력이 집중되면 개인의 자유와 재산, 권리가 침해될 수 있다는 점을 걱정했습니다. 국왕과 같은 최고 지도자가 필요하긴 하지만 그 지도자가 절대적인 권력을 가져서는 안 될 일이었습니다. 그래서 '건국의 아버지들'은 대통령을 세우되 대통령 한 사람에게 권력이 집중되지 않도록 견제할 방법을 마련했습니다.

입법부, 사법부, 행정부

우선 국가를 다스리는 권력을 입법, 사법, 행정으로 구분하고 이들 중 어느 한쪽으로도 힘이 몰리지 않도록 했습니다. 입법부부터 살펴볼까요?

입법부는 법을 만드는 곳, 즉 우리나라 국회와 같은 곳입니다. 입법부는 상원과 하원 둘로 나눴습니다. 의회가 하나뿐이라면 어떤 선거 때 한 정치 세력이 큰 지지를 얻으면 의회의 힘을 그 세력이 독점하게 되겠지요. 하지만 의회가 상원과 하원으로 나뉘어 있으면, 한 세력이 입법부의 권력을 독점하게 될 가능성은 그만큼 낮아집니다.

의원 임기도 다르게 구분했습니다. 상원의원의 임기는 6년, 하원의원의 임기는 2년으로 했습니다. 상원의원은 2년마다 전체 의원 중 1/3씩 돌아가면서 선거를 치르도록 했습니다. 한꺼번에 상원의원 전원이 교체되는 걸 피하기 위해서입니다. 상원의원 전부를 6년마다 다시 뽑으면 그때 임기 2년인 하원의원 선거도 겹치게 되니까, 결국 6년마다 상원과 하원의원 모두를 선거에서 뽑게 됩니다. 그때 어떤 이슈가 터져 나오거나 큰 사건이 생겨서 특정 정치 세력에 대한 지지가 높아지면, 그 세력은 상원과 하원 양쪽 모두에서 의석 대부분을 차지하게 될 수도 있습니다. 이렇게 되면 입법부의 권력이 그 세력에게 고스란히 집중되는 겁니다. 상원의원을 2년마다 1/3씩만큼 교체하게 되면 이런 우려에서 벗어날 수 있겠지요. 또한 상원과 하원의 임기가 다른 만큼 역할도 서로 달라집니다. 하원의원은 2년마다 선거를 해야 하니까 다시 당선되려면 주민들의 여론에 항상 민감하게 반응해야 합니다. 하지만 임기가 6년인 상원의원은 더 긴 안목에서 나랏일을 살필 수 있습니다.

한편 사법부는 만들어진 법을 해석하는 곳입니다. 사법부는 법원을 말합니다. 어떤 법이 특정한 상황에 어떻게 적용되는지를 해석하고 판단하는 곳이지요. 예를 들어 도둑질하면 벌을 받는다는 법이 만들어졌다면, 어떤 상황에서 어떤 이유로 무엇을 훔쳤는지 판단한 다음 죄가 있는지 없는지, 그리고 죄가 있다면 얼마나 심각한지 구체적 사건에 맞게 법을 해석하는 것이 법원의 역할입니다.

그리고 행정부는 법으로 규정된 정책을 실행하는 곳입니다. 모든 국민이 의무 교육을 받아야 한다는 법이 만들어지면, 학교를 세우고 교육 프로그램을 만들며 교사를 충원하고, 해당 연령 학생들이 학교에 오도록 널리 알리는 것과 같이 법으로 정해진 사항을 구체적으로 실행하는 역할을 담당합니다. 이처럼 국가 정책을 실행하는 행정부는 대통령이 이끕니다.

미국 건국의 아버지들은 이 세 가지 권력이 어느 한곳으로 쏠리지 않도록 권한을 나누고 또 서로 견제하도록 했습니다. 법은 의회가 만들지만, 그 법이 헌법에 위배되는지는 사법부가 판단하도록 했습니다. 대통령의 법 집행이 헌법과 어긋나는지 여부 또한 사법부가 판단합니다. 이처럼 법률이나 규칙, 행정 집행 등이 헌법에 위배되는지 심사하는 권한을 '위헌 심사권'이라고 합니다. 이렇게 권한을 분산해 놓았기 때문에 어느 한 세력이 의회를 지배하고 있더라도 의회가 자기들 마음대로 아무 법이나 만들 수 없는 것입니다.

한편 대통령 역시 의회에서 만든 법에 대해 거부권을 행사할 수 있게 했습니다. 의회에 대한 대통령의 견제 권한입니다. 대통령이 거부한 법안에 대해 의회 상원과 하원에서 각각 재적 의원 2/3 이상이 찬성하면, 대통령이 싫어해도 그 법안은 법으로 확정됩니다. 하지만 상원과 하원에서 2/3 이상의 찬성을 얻기란 그리 쉬운 일이 아닙니다. 이처럼 입법부에 대해서 사법부는 위헌 심사권으로, 그리고 행정부인 대통령은 거부권으로 입법부를 견제할 수 있습니다.

대통령은 장관이나 대사 등 고위 관리, 그리고 연방 대법원장과 연방 대법원 판사를 임명할 권한이 있습니다. 하지만 반드시 상원의 인준 과정을 거쳐야 합니다. 입법부가 인사 청문회를 통해 대통령의 인사권을 견제하는 것이지요. 그리고 대통령 등 고위 공직자가 잘못을 저지르면 의회는 탄핵을 결의할 수 있습니다. 의회가 탄핵을 의결(탄핵 소추라고 합니다.)하면 이에 대한 최종 판단은 연방 대법원에서 합니다. 우리나라는 헌법재판소에서 하지만, 미국은 헌법재판소가 따로 없고 연방 대법원이 그 권한을 갖지요. 대통령과 행정부에 대한 입법부와 사법부의 견제 장치입니다.

사법부에 대해서도 견제 장치가 마련되어 있습니다. 연방 판사를 임명할 권한은 대통령이 갖고 있는데, 이러한 임명을 검증하고 인준하는 곳은 의회입니다. 또 한편으로 의회는 헌법을 개정할 수 있는 권한이 있습니다. 사법부 판결이 문제가 있다면 헌법을 개정하면 됩니다. 그러나 이는 현실적으로는 그리

쉬운 일이 아닙니다. 상원과 하원 모두에서 재적 의원 2/3 이상의 찬성을 받아야 하고, 또 50개 주 가운데 3/4 이상의 주에서 비준받아야 합니다.

이렇게 입법부, 사법부, 행정부의 권한은 엄격하게 분리되어 있고 서로 견제하도록 했습니다. 우리나라에서는 국회의원뿐만 아니라 행정부도 법안이나 예산안을 제출할 권한이 있습니다. 그러나 미국에서는 법을 제안하거나 만들 수 있는 권한은 오직 의회에만 있습니다. 대통령이 원하는 법안이 있으면 의회 의원을 통해야만 합니다. 그리고 세 부서 간에는 직책을 겸직할 수도 없습니다.

2009년, 힐러리 클린턴은 당시 뉴욕주의 상원의원이었습니다. 그런데 버락 오바마 대통령이 힐러리를 국무 장관으로 임명했습니다. 힐러리는 뉴욕주 상원의원이라는 직책을 포기하고 국무 장관직을 맡았습니다. 미국 대통령제에서는 입법부의 직책과 행정부 직책을 같이 맡지 못하도록 하기 때문입니다. 권력 분립을 통해 서로 견제하도록 함으로써 전체적으로는 힘의 균형이 이뤄지도록 한 겁니다. 이러한 '견제와 균형'이 미국 대통령제의 중요한 원칙입니다. 흔히 미국 대통령은 원한다면 모든 것을 다 할 수 있는 막강한 권력을 가진 것처럼 생각하기 쉽지만, 실상은 삼권 분립으로 제도적인 견제를 받습니다.

미국은 연방 정부와 주 정부 간에도 권력이 분리되어 있습니다. 일반 시민의 일상적인 삶과 관련된 사안은 대부분 주 정부의 권한입니다. 대통령은 국가 전체와 관련된 사안에만 권한을 갖습니다. 이렇게 미국 대통령제는 입법부-사법부-행정부와 같은 수평적 권한 배분뿐만 아니라, 연방 정부-주 정부처럼 수직적으로도 권한이 분리되어 있습니다.

프랑스의 대통령제

대통령이라는 제도는 미국에서 처음 만들었다고 했습니다. 하지만 이제는 대통령제를 시행하는 나라가 많아졌습니다. 대통령제라고 해도 나라마다 대통령의 권한이나 역할도 조금씩 다릅니다. 프랑스도 대통령이 있는 나라입니다. 하지만 프랑스의 대통령은 미국과는 다른 이유로 만들어졌습니다. 프랑스의 최근 역사를 간단하게 살펴볼까요?

프랑스는 옛날에는 왕이 있었던 군주제 국가였습니다. 화려한 베르사유 궁전을 떠올려 보면 프랑스 국왕이 얼마나 큰 힘을 가졌는지 알 수 있습니다. 베르사유 궁전을 지은 루이 14세는 "짐이 곧 국가다"라고 말했지요. '내가 바로 이 나라'라니, 왕의 힘이 얼마나 강했는지 알 수 있습니다. 하지만 그렇게 강해 보이던 왕은 얼마 못 가 사라집니다. 1789년, 프랑스에서 혁명이 일어나면서 국왕 루이 16세가 단두대에서 처형되고, 프랑스에서는 군주제가 일시적으로 폐지됩니다.

그런데 그 이후 권력을 차지한 나폴레옹 보나파르트가 1804년에 황제로 등극합니다. 우리가 아는 유명한 장군 나폴레옹입니다. 그러나 나폴레옹은 워털루 전투에서 패배하여 유배되고 그 후에는 다시 루이 16세 집안인 부르봉 왕조가 복귀합니다. 왕정으로 돌아간 것이지요. 하지만 1848년 2월 혁명으로 또다시 국왕이 쫓겨나고 프랑스는 두 번째로 공화정이 됩니다.

그런데 이번에는 나폴레옹 보나파르트의 조카였던 루이 나폴레옹이 대통령으로 당선되었는데 나중에는 삼촌처럼 왕이 되고자 합니다. 그가 나폴레옹 3세로 황제에 즉위하면서 프랑스는 또 군주제 국가가 됩니다. 하지만 나폴레옹 3세는 프러시아와의 전쟁에서 패배한 후 왕의 자리에서 쫓겨나고, 1870년 프랑스에는 다시 공화정이 들어서게 됩니다. 세 번째 공화정이지요.

제3공화국은 나폴레옹 3세처럼 대통령이 되었다가 왕이 되려는 일을 막기 위해 대통령을 의회에서 간접적으로 선출하고 대통령의 권한을 약화시켰으며, 총리와 내각에도 강한 권력을 부여하지 않았습니다. 그 때문에 내각이 얼마 지속되지 못하고 물러나는 일이 반복되면서 정치적으로 불안정해졌습니다. 제3공화국은 제2차 세계 대전이 발발하고 나치 독일이 프랑스를 침공하면서 몰락하게 됩니다.

전쟁이 끝난 1946년 10월, 제4공화국이 세워집니다. 하지만 제4공화국 역시 정치적 안정을 찾지 못했습니다. 제도적으로 제3공화국과 큰 차이도 없었습니다. 총리와 내각은 의회 내 확고한 지지 기반을 갖지 못했고, 강경한 주장을 내세우는 정당들 사이의 다툼으로 정치는 불안정했습니다. 이런 상황에서 프랑스의 중요한 식민지였던 알제리가 독립 전쟁을 전개했습니다. 프랑스 내에서는 알제리의 독립을 허용하자는 입장과 이에 반대하는 입장으로 첨예하게 나뉘었습니다. 이런 상황에서 알제리 독립에 반대하는 군인들이 알제리와 평화 협상을 추진하는 정부에 불만을 품고 쿠데타를 일으키려는 움직임까지 보였습니다. 매우 심각한 위기 상황이 생겨난 것입니다.

이 위기를 극복하기 위해 제2차 세계 대전 때 나치 독일에 대항하여 프랑스의 레지스탕스 운동을 이끈 샤를 드골이 총리가 되었습니다. 드골은 프랑스의 정치적 불안을 해소하기 위해 헌법 개정을 추진합니다. 1958년 9월, 국민 투표를 통해 새 헌법이 통과되면서 제5공화국이 출범하게 됩니다.

제5공화국 헌법은 그 이전까지 막강했던 의회의 권한을 약화시키고 대신 대통령에게 강한 권력을 부여했습니다. 대통령을 '국민이 선출하는 왕'과 같은 존재로 만들어서 정치적 안정을 꾀하겠다는 것이었습니다. 또한 대통령을 국민이 직접 선출하도록 해서 대통령의 권위를 높였습니다. 대통령의 임기는 7년으로 하고 연임에도 제한을 두지 않았습니다. 또 국회가 다룰 수 있는 사안은 법으로 규정하고, 그 이외에는 행정부가 국회의 개입 없이 자유롭게 처리할 수 있도록 했습니다. 심지어 예산안도 의회에서 일정 기간 내에 처리하지 않으면 자동으로 통과된 것으로 간주했습니다. 대통령은 의회를 해산할 수도 있고, 중요한 정책은 국회를 거치지 않고 국민 투표에 붙일 수 있게 했습니다. 더욱이 국가 비상사태에는 대통령이 특별한 비상 조치를 취할 수 있는 권한인 비상 대권이라는 절대적 권력을 행사할 수도 있게 했습니다.

프랑스 대통령제에도 우리나라처럼 총리가 있습니다. 미국에는 부통령이 있고 총리는 없지요. 대통령은 총리를 임명해서 정부의 일을 총괄하여 담당하도록 합니다. 프랑스에서는 대통령이 외교와 국방, 안보 영역을 맡고, 총리는 국내 정책을 담당하는 분권형 대통령제라고 하지만 사실상 모든 권한이 대통령에게 부여되어 있어서 실제로는 그 명칭과 달리 완전한 분권형이라고 보기는 어렵습니다. 대통령이 총리를 임명하고 해임할 수 있기 때문에 총리가 독자적 권한을 갖지 못합니다.

다만 하원에서 야당이 절반 이상의 의석을 차지하면 상황이 달라집니다. 이것이 프랑스에서 흥미로운 점입니다. 우리나라와 달리 프랑스에서는 대통령이 총리를 임명할 때 국회의 동의를 받지 않아도 됩니다. 하지만 하원은 총리와 내각에 대한 불신임 권한, 즉 그만두게 할 수 있는 힘이 있습니다. 대통령에 반대하는 세력이 하원에서 과반 의석을 차지한 상황이면, 대통령이 임명한 총리는 야당의 불신임을 받고 물러날 수밖에 없습니다. 이 때문에 야당이 국회의 다수 의석을 차지한 상황이 되면 대통령은 하는 수 없이 야당 지도자를 총리로 임명하게 됩니다. 대통령과 총리를 서로 적대적인 정당 출신이 각각 맡게 되는 셈이지요. 예컨대 대통령은 우파인데 총리는 좌파인 상황이 되는 것입니다. 반대의 경우도 생기겠지요. 이를 프랑스에서는 '동거 정부'라고 합니다. 좌파와 우파 간에 정치적으로 불편한 동거 생활을 한다는 의미입니다. 지금까지 프랑스에서는 세 차례의 동거 정부가 생겨났습니다. 동거 정부가 되면 대통령의 권한은 상대적으로 약화되고 총리와 내각의 독자적인 영향력이 커집니다.

그러나 2002년 헌법 개정을 통해서 대통령의 임기를 의회와 같은 5년으로 축소했습니다. 대통령 당선 직후 새 대통령에 대한 기대감이 높을 때 의회를 해산하고 선거를 치르면 대통령의 정당이 유리할 수밖에 없습니다. 2002년 이후 동거 정부는 더 이상 생겨나지 않았습니다. 2008년에는 두 번까지만 대통령을 할 수 있도록 헌법을 바꿨습니다.

미국 대통령제가 권력 분립을 중요하게 생각했다면, 프랑스의 제5공화국에서는 미국과 달리 대통령에게 매우 막강한 권한이 부여되었습니다. 프랑스 제3공화국에서는 나폴레옹 3세처럼 또다시 왕이 되겠다고 나서지 못하도록 정부의 권한을 약화시켰지만, 제5공화국에서는 왕과 같은 강한 지도자를 국민이 선출하도록 만든 셈입니다. 드골 헌법이라고도 불리는 제5공화국의 대통령제에서 프랑스는 정치적 안정을 찾았습니다.

대한민국의 대통령제

우리나라에서는 어떻게 대통령제가 생겼을까요? 1948년 헌법을 제정할 때 제헌 국회에서 대통령제로 결정했습니다. 그런데 사실은 논란이 있었습니다. 제헌 국회에서 헌법을 제정할 때 헌법기초위원회에서 고려되었던 것은 내각제였습니다. 대통령은 상징적 국가 원수이고 총리와 내각이 나랏일을 맡는 방식이었습니다. 그런데 마지막 논의 과정에서 당시 가장 인기가 높았고 영향력이 컸던 이승만이 대통령제를 주장한 겁니다.

이승만은 대통령제가 되지 않으면 정부에 참여하지 않겠다고 했습니다. 그의 영향력을 고려할 때 그것은 부담스러운 일이었지요. 이 때문에 마지막 순간에 이 두 제도를 두고 절충이 이뤄졌습니다. 대통령제로 하되 내각제 요소가 남아 있게 된 것입니다. 당시 제정된 헌법은 대통령뿐만 아니라 부통령도 두었는데, 국회에서 임기 4년의 대통령과 부통령을 각각 선출하도록 했습니다. 하지만 이와 동시에 원래 내각제 헌법 안에 있던 국무총리직을 그대로 두었고, 내각제의 내각 회의와 같은 국무 회의도 그대로 남겼습니다. 행정부가 법률안과 예산안을 제출할 수 있는 권한도 남겨 두었습니다. 또한 당시는 국회의원이 장관을 겸직하는 일을 굳이 금지하지 않았습니다.

이처럼 한국의 대통령제는 미국 대통령제와는 달리 대통령제와 내각제의 혼합형으로 만들어졌습니다. 이때 만들어진 한국의 대통령제는 그 이후 아홉 차례나 헌법이 개정되었으나 근본적인 변화 없이 오늘날까지 유지되고 있습니다. 우리나라는 그 이후 오랜 권위주의 체제를 거치면서 대통령에게 권력이 집중된 '강한 대통령제'로 변모해 왔습니다. 민주화 이후가 되면서 대통령에게 집중된 권한을 분산하기 위한 노력이 시작되었습니다.

이처럼 외형상 같은 대통령제라고 해도 나라마다 차이가 있을 수밖에 없고, 그 때문에 정치의 특성도 나라마다 서로 다른 모습을 보이게 마련입니다. 미국 대통령제는 권력 분산과 견제가 중요했다면, 프랑스는 대통령에게 강력한 권한을 부여하는 게 중요했습니다. 우리나라 대통령제는 내각제와의 혼합형으로 만들어졌지만 그 이후 긴 세월 동안 독재와 권위주의 시대를 거쳐야 했습니다. 이제 민주화된 환경에서 우리나라의 대통령제는 어떤 모습이어야 할지 새롭게 고민해 보아야 할 시점입니다.

| 함께 생각해 봅시다 | 알아 두면 쓸모 있을 정치적 질문

- 건국 당시 미국의 지도자들은 왜 입헌 군주제 대신 '대통령제'를 선택했는지 생각해 봅시다.
- 같은 대통령제라도 각 나라의 역사와 정치 환경에 따라 제도가 어떻게 조금씩 다른지 미국과 프랑스, 한국의 대통령제를 비교하며 생각해 봅시다.
- 대통령제와 같은 1인 지도자 체제의 장단점과 보완해야 할 점은 무엇인지 생각해 봅시다.

5장
선거는 왜 중요할까?

참정권을 요구하다

에밀리는 왜 달리는 말에 뛰어들었을까요?

1913년 6월 4일, 영국 런던의 남부의 작은 도시 엡섬에서는 경마 대회가 열리고 있었습니다. 우리가 친구나 가족과 함께 야구장이나 축구장에 가서 치킨이나 햄버거를 먹으며 경기를 즐기듯이, 영국 사람들은 경마장에서 그렇게 즐깁니다. 특히 엡섬 다운스에서 매년 열리는 경마 대회를 더비Derby라고 부르는데, 영국 국민의 큰 관심 속에서 거행되는 축제 같은 행사입니다. 1780년에 처음 시작되었다고 하니까 오랜 역사를 자랑

하는 행사이지요. 특히 엡섬 더비에는 사회 유명 인사들뿐만 아니라 영국의 왕실 가족, 즉 로열 패밀리royal family도 참석합니다. 이 행사에 오는 여성들은 특히 화려한 모자를 서로 뽐내지요.

1913년에도 많은 사람의 관심 속에 엡섬 더비가 열렸습니다. 왕실 가족을 포함해 많은 사회 저명인사가 참석했습니다. 경주마 가운데는 당시 국왕 조지 5세의 말 '앤머Anmer'도 포함되어 있었습니다. 드디어 경주가 시작되었고 말들이 결승점을 향해 달리면서 코너를 돌았습니다. 그런데 갑자기 한 여성이 울타리 밑으로 빠져나와 말이 달리는 경주 코스로 뛰어들었고, 국왕의 말 앤머 쪽으로 달려갔습니다. 예기치 못한 사태가 벌어진 것입니다. 경주장으로 뛰어든 여성은 달리는 말과 충돌해 쓰러졌고 앤머의 기수 역시 말에서 떨어졌습니다. 경주마에 부딪힌 여성은 병원으로 이송되었지만 나흘 뒤 세상을 떠났습니다. 이 여성의 이름은 에밀리 데이비슨Emily Davison으로, 옥스퍼드 대학을 졸업한 여성 참정권 운동가였습니다.

에밀리는 '여성에게 투표권을!'이라는 구호를 외치며 경마장에 뛰어들었습니다. 당시 여성에게 투표권을 부여하는 나라는 거의 없었습니다. 1893년 뉴질랜드, 1902년 호주, 1906년

핀란드 등 몇몇 나라에서만 여성에게 투표권을 부여했지요. 영국에서 투표권이 확대된 중요한 계기는 '1832년 개혁법(Great Reform Act)'입니다. 이 법과 함께 그 이전까지 귀족에게만 국한되었던 선거권이 부유한 상공업자까지 확대되었습니다. 1867년 2차 선거법 개혁을 통해 도시의 숙련 노동자들에게도 투표권이 부여되었고, 1884년 3차 선거법 개정으로 일정한 재산을 가진 하층 노동자에게 참정권이 부여되었습니다. 하지만 여성에게는 정치 참여의 권리가 전혀 허용되지 않았습니다. 여성 참정권 운동가들은 투표권을 얻기 위해 매우 격렬하게 투쟁했고 에밀리 데이비슨은 목숨까지 던졌습니다.

공공의 문제에 참여할 권리

우리나라는 1948년 제헌 헌법에서 남녀 차별 없는 보통 선거권을 규정했습니다. 이렇게 투표권이 확립된 우리 입장에서는 참정권을 얻기 위해 목숨까지 거는 상황이 잘 이해가 안 갈 수도 있습니다. 투표권이 없으면 뭐가 문제일까요? 투표권은 공공의 문제에 참여할 권리를 의미합니다. 공공의 문제를 다루는 국민 투표나 주민 투표에 참여해 의견을 낼 수도 있고, 대통령이나 국회의원, 시장, 군수 등 우리를 대신해서 공공의 일을 담당할 대표자를 선출하는 선거에 참여할 수도 있습니다. 선거에 직접 출마해서 그 일을 맡겠다고 할 수도 있지요. 만약 투표권이 없으면 공동체의 여러 사안에 대해 자기 의견을 표출할 기회가 사라지게 됩니다. 또한 자신의 권리가 침해당할 때에는 정치적으로 목소리를 낼 수 없기 때문에 보호받지 못할 수 있습니다.

참정권의 중요성을 잘 보여 주는 사건이 1992년에 일어난 미국 로스앤젤레스(LA) 폭동입니다. 1992년 4월 말부터 거의 일주일 동안 엘에이 지역에서 흑인 폭동이 일어났습니다. 엘에이의 백인 경찰이 흑인 운전사를 구타한 사건에 대해 법원에서 무죄를 선고하자 인종 차별에 분개한 흑인들이 시위를 일으킨 것입니다. 시위는 폭력, 방화, 약탈 등 폭동으로 번져 수십 명의 사망자와 수많은 부상자가 발생했습니다.

그런데 이때 폭동의 중심 지역이 한국인들이 모여 사는 코리아타운이었습니다. 코리아타운에서 영업해 온 교민들은 엘에이 폭동으로 대다수 상점이 약탈당하거나 화재로 파괴되는 등

엄청난 피해를 입었습니다. 이렇게 피해가 컸던 이유 중 하나는 당시 경찰이 코리아타운을 적극적으로 보호하지 않았기 때문입니다. 경찰은 베벌리 힐스나 할리우드 같은 지역은 보호했지만, 코리아타운은 폭동으로 파괴되어도 그냥 내버려 두었습니다. 그래서 한국 교민들이 직접 나서서 상점을 보호하고 폭력에 대응해야 했습니다.

왜 미국 경찰은 코리아타운을 지키지 않았을까요? 폭동 진압을 효과적으로 하기 위한 작전상의 판단이었을 수도 있고 그 밖에 여러 가지 이유가 있었을 겁니다. 그런데 한 가지 분명한 것은, 코리아타운에 거주하던 한인 교민 대부분은 당시 미국 사회에서 정치적으로 크게 중요한 존재가 아니었다는 사실입니다. 이민 간 교민들은 미국 사회에서 돈을 벌어 세금을 내고 자녀들을 교육시키며 열심히 살았지만, 한국 국적을 포기하길 꺼렸습니다. 아무래도 이민 1세대에게는 국적 포기가 한국과의 인연을 완전히 끊는 것처럼 느껴졌을지도 모릅니다. 그래서 미국 시민권을 얻지 않고 영주권(permanent resident)만으로 지내는 교민이 많았지요. 불법을 저지르지 않는 이상 영주권만 있어도 미국에서 사는 데 아무런 지장이 없었기 때문입니다.

하지만 시민권과 영주권 간에는 결정적인 차이가 있습니다. 바로 정치적 권리에 대한 것입니다.

시민권은 정치에 참여할 권리를 보장합니다. 투표권이 부여되고 또 자신이 선거에 출마할 수도 있습니다. 공동체 구성원으로서 정치적 권리가 보장되는 것입니다. 영주권은 일상적으로 살아가는 데에는 별 불편함이 없을 수 있지만, 그 사회가 당면한 사안과 미래의 방향을 결정하는 데 영향을 행사할 수 없습니다. '시민(citizen)'이라는 말에는 한 나라의 구성원이고 정치적 권리를 갖는 사람이라는 의미가 포함되어 있습니다. 그래서 시민권(citizenship)을 갖는다는 것은 단순히 거주할 자격을 허가받은 영주권과는 근본적으로 큰 차이가 존재합니다.

이 때문에 선거로 선출되는 엘에이 시장이나, 경찰 책임자 입장에서는 베버리 힐스나 엘에이 지역 내 다른 곳 시민들과 비교할 때 코리아타운 주민들은 선거에 미칠 정치적 영향력이 없는 사람들입니다. 엘에이 코리아타운 주민들은 투표권이 없으니 선거 때 영향력이 없을 뿐만 아니라, 폭동 진압과 관련한 엘에이 당국의 대처에 대해서도 정치적 책임을 제기하기 어렵습니다. 엘에이 시장은 물론 시 의회 의원들도 교민들 이야기에 진지하게 경청하려고 하지 않을 겁니다. 이처럼 투표권이 없으면 정치적 영향력이 없고 자기의 의견이나 주장을 적극적으로 낼 수도 없습니다. 영어로 표현하면 '노 보트, 노 보이스no vote, no voice', 즉 투표권이 없으면 자기 목소리를 낼 수도 없는 겁니다. 엘에이 폭동의 사례는 우리에게 정치적 권리가 얼마나 중요한지 깨닫게 합니다.

악랄한 차별 정책, 아파르트헤이트

역사적으로 오래전부터 정치적 권리를 얻기 위한 수많은 투쟁이 있었습니다. 아테네와 같은 고대 그리스 도시 국가의 민주주의에 대해 칭송하지만, 사실 그때 민회에 나와 의견을 말하고 투표하거나 공직을 맡을 수 있는 사람은 제한적이었습니다. 여성, 노예, 외국인 거주자들은 공공 모임에 참석할 수 없었기 때문이지요. 이들의 이해관계, 이들이 원하는 것, 이 사람들의 의견은 도시 국가의 정책을 결정하는 데 전혀 반영되지 못했습니다.

선거권이 없을 때 받을 수 있는 불이익의 극단적인 사례를 남아프리카 공화국에서 볼 수 있습니다. 남아프리카 공화국은 1994년 흑인 인권 지도자 넬슨 만델라가 대통령이 되면서 민주화되었습니다. 하지만 그 이전에 남아프리카 공화국에서는 아파르트헤이트Apartheid라고 불리는 악명 높은 인종 차별 정책을 펼쳤습니다.

아파르트헤이트는 그 지역 말로 '분리'라는 뜻입니다. 남아프리카 공화국은 소수의 백인과 흑인이 대부분인 다수의 유색 인종으로 구성되었지만, 유색 인종은 사회적으로 차별 대우를 받았고 지역적으로도 분리되어 살아야 했습니다. 아파르트헤이트 정책에 따라 유색 인종은 거주하는 지역과 일할 수 있는 지역이 별도로 마련되었고, 이동할 때마다 신분증을 반드시 소지하도록 했습니다. 그 신분증은 유색 인종 지역에서 백인 지역으로 이동할 수 있는 사실상의 여권처럼 이용되었습니다. 유색 인종은 교육도 별도의 기준에 따라 받아야 했고 일할 수 있는 직업도 제한받았습니다.

이처럼 남아프리카 공화국에서 유색 인종은 차별과 박해를 심하게 받았습니다. 하지만 그들은 불만을 표출할 방법이 없었습니다. 정부가 유색 인종의 투표권을 박탈했기 때문입니다.

이들의 목소리에 귀를 기울일 정치 대표자도 없고 이들을 대표할 정당도 존재할 수 없었습니다. 민주화 이후에야 유색 인종은 정치적 권리, 곧 '시민권'을 회복했고 그러한 차별과 억압에서 벗어날 수 있게 되었습니다. 넬슨 만델라는 이와 같은 남아프리카 공화국의 변화를 상징하는 인물이었습니다.

남아프리카 공화국에서 모든 사람에게 투표권이 부여된 첫 선거는 1994년이었습니다. 그러니까 남아프리카 공화국에서 유색 인종이 정치 참여의 권리를 갖게 된 때가 1994년이라는 말입니다. 우리가 1948년 제헌 헌법으로 모두에게 참정권을 부여했다는 걸 생각해 보면 남아프리카 공화국에서는 그것이 매우 최근 일이라는 걸 알 수 있습니다.

우리나라는 제헌 헌법을 만들면서 처음부터 모두에게 투표권을 부여했지만, 우리보다 먼저 투표권을 도입한 국가에서도 하루아침에 저절로 투표권이 부여된 것은 아닙니다. 앞서 영국 여성들의 노력에 대해서도 살펴보았지만, 모두가 투표권을 얻기까지 오랜 노력과 투쟁이 있었습니다.

참정권 확대 운동

차티스트 운동(Chartist Movement)에 대해 살펴볼까요? 차티스트 운동은 1830년대부터 1840년에 걸쳐 영국 노동자들이 참정권 확대를 요구한 운동입니다. '차티스트'라는 이름이 붙게 된 것은 이 운동을 했던 이들이 자신들의 요구 사항을 인민 헌장(People's Charter)으로 제시했기 때문입니다. 헌장의 내용은 다음과 같습니다.

첫째, 21세 이상 모든 남성에게 투표권을 부여할 것

둘째, 비밀 투표를 보장할 것

셋째, 국회의원이 되는 데 재산 자격 조건을 철폐할 것

넷째, 국회의원에게 세비를 지급할 것

다섯째, 선거구마다 유권자 수를 동일하게 할 것

여섯째, 의회 선거를 매년 실시할 것

이들의 요구는 21세 이상의 남성만을 대상으로 한다는 점에서 한계가 있기는 하지만, 당시로서는 매우 파격적인 정치 개

혁 요구를 담고 있습니다. 비밀 투표 요구가 이상할 수 있지만 당시에는 투표할 수 있는 사람의 수도 적고, 투표를 할 수 있어도 지주나 귀족의 영향하에 사실상 공개 투표를 하는 경우가 많았습니다. 예컨대 내가 빌려 농사를 짓는 땅의 지주가 누구를 찍었는지 밝히라고 강요하면 감추고 있기 어렵겠지요. 또 이들은 그렇게 공개하는 걸 '남자다운 일'이라고 주장하기도 했습니다. 의원에게 세비, 즉 봉급을 지급하라는 내용은 그렇게 해야 재산 없고 가난한 사람도 국회의원 활동을 할 수 있기 때문입니다. 또 당시 의원의 임기는 7년이었습니다. 선거 때 돈이나 뇌물을 뿌려 표를 얻고 나면 7년 동안은 나 몰라라 할 수 있었던 겁니다. 매년 선거를 하면 돈이나 뇌물이 아니라 주민들의 의견과 여론에 귀 기울이는 사람이 당선에 유리해지겠지요. 선거구마다 유권자 수를 동일하게 하는 것의 중요성은 곧 상세히 이야기하겠습니다.

차티스트 운동은 1838년 8월 첫 집회부터 30만 명에 가까운 많은 사람이 모였습니다. 이들은 자신의 요구를 1839년, 1842년, 1848년 세 차례 걸쳐 의회에 청원했지만 당시에는 모두 거부되었습니다. 영국에서 투표권의 확대는 1867년 이후 선거법이 네 차례 개정되면서 1928년이 되어서야 21세 이상 남녀 모두에게 동등한 투표권을 부여했습니다. 의회 민주주의의 모범 국가로 알려진 영국에서도, 정치 참여의 권리는 이처럼 오랜 시간에 걸친 투쟁과 노력 속에 얻어 낸 것임을 알 수 있습니다.

모두가 평등한 한 표

시민 모두가 참여하여 나랏일을 결정하는 자유민주주의는 근대 시민 혁명의 산물입니다. 영국, 프랑스, 미국에서 일어난 혁명적 변화를 거쳐 자유민주주의 체제가 만들어졌습니다. 자유민주주의 체제는 그 이전에 존재해 온 구체제와는 달리 모든 사람은 정치적으로 자유롭고 평등하다는 가치를 내세웁니다. 프랑스 혁명에서의 구호가 '자유, 평등, 박애'였지요. 국왕도, 귀족도, 종교 지도자나 평민이나 모두 정치적으로 자유롭고 평등하다는 의미입니다. 계급이나 신분에 기반한 질서가 무너지고 이제부터는 정치적으로 모두 동등한 사회가 만들어진 겁니다.

그런데 문제가 있습니다. 모두가 정치적으로 평등한 사람들이라는 것을 현실적으로 어떻게 실현할 수 있을까요? 그것은 '1인 1표제(one person one vote)'로 구현되었습니다. 국왕도 한 표, 귀족도 한 표, 큰 부자도 한 표, 평범한 시민도 한 표씩만 주어집니다. 선거로 권력의 향배를 결정하는 민주주의 체제에서 모두가 한 표씩 행사한다면 정치적 영향력은 동일해지겠지요. 이처럼 1인 1표제는 자유민주주의 체제에서 경제적, 사회적, 신분적 차이 없이 모든 사람이 정치적으로 평등하다는 것을 보여 주는 매우 중요한 원칙입니다.

그런데 실제 현실에서는 이 원칙이 잘 지켜지지 않는 경우가 생겨납니다. 선거구별로 인구의 차이가 있기 때문입니다. 한 가지 예를 들어 볼까요? 1985년에 실시된 우리나라 12대 국회의원 선거에서는 선거구별로 유권자 수에 큰 차이가 있었습니다. 당시 전라남도 진안, 무주, 장수 지역구 유권자 수는 98,477명이었습니다. 그런데 서울 동대문구 을 선거구 유권자 수는 576,315명이었습니다. 동대문구 을 선거구의 유권자 수는 전남 진안, 무주, 장수 지역 유권자보다 5.85배, 거의 여섯 배나 많았습니다. 그런데 두 지역에서 선출하는 국회의원은 똑같이 한 명씩입니다. 국회의원 한 명을 선출하는 데 동대문구 을 지역구에서는 진안, 무주, 장수 지역보다 여섯 배나 많은 유권자가 필요했던 셈입니다. 두 지역 투표자의 정치적 권리가 동일하다고 할 수 있을까요? 동대문구 을 지역의 유권자는 무주, 진안, 장수 유권자보다 사실상 1/6의 정치적 권리만을 행사한 셈입니다. 이것을 투표의 '등가성等價性'에 문제가 생겼다고 합니다. 등가라는 것은 '같은 값'이라는 뜻이지요. 모든 유권자의 투표 한 표 값의 가치가 동일해야 한다는 겁니다. 그래야 정치적으로 평등하니까요.

우리나라에서 표의 등가성을 확립하는 데 큰 역할을 한 것은 헌법재판소입니다. 1995년 국회에서 합의된 선거구 획정 안에는 선거구별 인구의 편차가 최고 5.9 대 1까지 허용되었습니다. 1995년 12월, 헌법재판소는 이것이 평등 선거의 원칙에 위배되기 때문에 4 대 1까지 줄이라고 판결했습니다. 헌법재판소는 2001년 10월 선거구 간 편차를 3 대 1 미만으로 재조정하라는 결정을 내렸고, 2014년에는 2 대 1 미만으로 낮추도록 했습니다. 모든 선거구마다 유권자 수가 같으면 가장 이상적이지만, 현실적으로는 큰 강이나 높은 산이 지역을 가로지를 수 있고 생활권도 다를 수 있어서 기계적으로 모든 선거구를 같은 수로 조정하기는 어렵습니다. 이 때문에 현실적으로 허용할 수 있는 최소 비율인 2 대 1 미만으로 정한 겁니다. 헌법재판소의 결정으로 우리나라에서 표의 등가성을 둘러싼 문제는 대체로 해결되었습니다.

그런데 표의 등가성이 중요한 또 다른 이유는, 이것이 선거의 공정성을 해칠 수 있기 때문입니다. 아래 그림 1을 볼까요? 이 지역에는 A, B, C, D, E 다섯 곳의 선거구가 있는데 파란 구역은 정당 X의 지지가 강한 곳이고, 노란 구역은 정당 Y의 지지가 강한 곳입니다. 그림을 보면 다섯 선거구에서, 정당 X의 지지자는 4명, 정당 Y의 지지자는 6명입니다. 여기서는 정당 Y가 지역구 다섯 곳에서 모두 승리하게 됩니다.

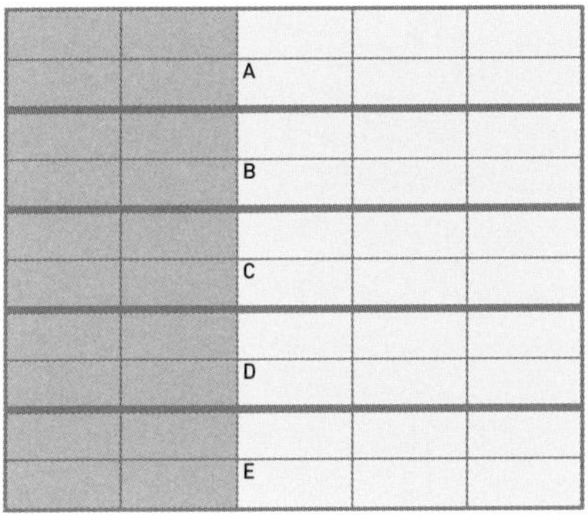

▪ 그림 1

그런데 X 정당이 선거구 경계를 인위적으로 조정해서 아래 그림 2처럼 바꾸면 어떻게 될까요? 그러면 A′, C′, E′ 세 지역에서는 그림 1과 달리 X 정당이 승리하게 됩니다. A′ 지역에서는 X 정당 지지자가 6명이 되고 Y 정당 지지자는 3명이 되지요. E′ 지역에서는 X 정당 지지자가 4명, Y 정당 지지자가 2명입니다. Y 정당은 그림 1에서와 달리 B′, D′ 두 지역에서만 승리합니다. 지역 내 다섯 의석 가운데 그림 1처럼 지역구를 나누면 Y 정당이 다섯 의석을 다 차지하지만, 그림 2처럼 나누면 X 정당이 세 석, Y 정당은 두 석으로 X 정당이 더 많은 의석을 차지하게 됩니다. 이렇게 선거구를 인위적으로 나눠서 선거 결과

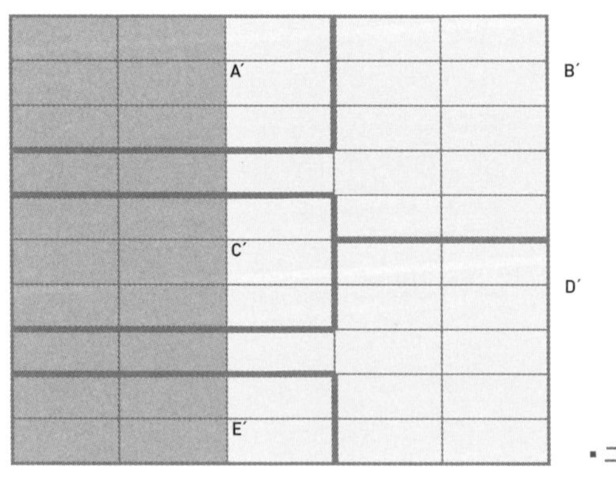

▪ 그림 2

를 특정 정파에 유리하게 만들 수 있습니다. 이것을 공정한 선거구 획정이라고 볼 수 없겠지요.

이처럼 특정 후보자가 정당이 자기에게 유리하도록 불공정하게 선거구를 정하는 것을 '게리맨더링Gerrymandering'이라고 합니다. 왜 이런 명칭이 붙었을까요? 1812년, 미국 매사추세츠주의 주지사였던 엘브리지 게리Elbridge Gerry는 자기가 속한 민주-공화당에 유리하도록 상원의원 선거구의 경계를 의도적으로 조정했습니다. 그 이전까지는 연방당의 지지세가 강한 곳이었는데, 선거구를 조정한 결과 민주-공화당이 세 석의 의석을 얻게 된 것입니다. 그런데 인위적으로 조정한 선거구의 모양이 112쪽 아래 그림에서 보는 것처럼 도롱뇽을 닮았습니다. 이 때문에 주지사 이름 '게리'와 도롱뇽을 뜻하는 '샐러맨더salamander'를 합쳐 게리맨더링이라는 말이 생겨났습니다. 게리맨더링은 불공정하게 선거구를 조정하는 것을 지칭하는 비판적인 용어가 되었습니다.

선거는 우리의 정치적 의사를 표출하는 매우 중요한 기회입니다. 선거 참여는 우리 의견을 반영하고 권리를 지키기 위해 꼭 필요한 일입니다. 하지만 그러한 권리를 얻기까지 아주 오

▪ 엘브리지 게리가 자신이 속한 정당에 유리하도록 선거구를 바꾼 모습. 바뀐 선거구가 도롱뇽과 비슷해서 이를 게리맨더링이라고 불렀다.

랜 세월이 걸렸고 많은 희생이 따랐습니다. 투표권이 주어진 이후에도 그 표의 가치를 올바르게 지키기 위해서는 또 다른 관심과 노력이 필요합니다. 민주주의의 역사를 살펴보면, 정치적 권리를 획득하기도 참 어려웠지만 그 원칙을 지키는 일도 쉽지 않다는 것을 깨닫게 합니다.

| 함께 생각해 봅시다 | 알아 두면 쓸모 있을 정치적 질문

- 영국의 여성 참정권 운동가 에밀리 데이비슨과 영국의 차티스트 운동의 사례에서 보듯, 사람들은 왜 참정권을 위해 목숨까지 걸고 싸웠는지 생각해 봅시다.
- 선거의 4원칙인 보통 선거, 평등 선거, 직접 선거, 비밀 선거의 의미와 함께, 이 네 가지 원칙이 왜 지켜져야 하는지 생각해 봅시다.
- 선거구 획정은 현실적으로 어떻게 이뤄지는 게 바람직한지 생각해 봅시다.

6장
가장 좋은 의사 결정 방식은 무엇일까?

모두가 동의하다

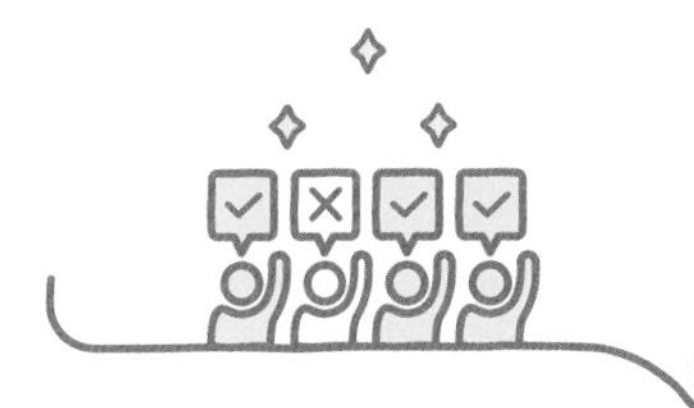

어떤 방식이 가장 공정할까요?

친구 다섯 명이 함께 여행을 가려고 합니다. 그런데 각자 가고 싶은 곳이 서로 다를 수 있습니다. 한 친구는 설악산을 가자고 하고, 다른 친구는 제주도에 가자고 합니다. 이럴 때는 어떻게 결정하나요? 친구끼리 논의해서 누군가 양보하면 해결이 됩니다. 예컨대 한 친구가 나는 제주도에 못 가 봐서 이번에는 반드시 가야겠다고 말하면 다른 친구들이 양보하는 경우입니다. 결정에 참여하는 사람 수가 적고 서로 가까운 관계라면 가능한 방법입니다. 그런데 설악산과 제주도를 꼭 가고 싶은 두 친구가 서로 양보하지 않으면 어떻게 해야 할까요?

두 가지 방법을 더 생각해 볼 수 있습니다. 한 가지 방법은 다섯 명이 가위바위보를 해서 이기는 친구의 뜻대로 장소를 결정하는 것이지요. 이것은 운, 재수(luck)에 의해 결정을 하는 방식입니다. 또 다른 방법은 다섯 명에게 일일이 가고 싶은 곳을 물어서 그중 제일 많은 사람이 가고 싶은 곳으로 정하는 방법입니다. 세 명이 설악산, 두 명이 제주도를 원하면 설악산으로 여행 장소를 결정하면 됩니다. 이것을 '다수결 방식'이라고 하지요. 이처럼 여러 사람이 모여 함께 결정을 내리는 방식은 다양합니다.

그러면 어떤 방식이 가장 좋을까요? 물론 모든 사람의 뜻을 하나로 모을 수 있다면 제일 바람직합니다. 다섯 친구가 모두 제주도를 가고 싶어 한다면 제일 좋겠지요. 한 친구는 설악산을 가고 싶은데 다른 친구 넷이 제주도를 원하기 때문에 마지못해 제주도로 가게 되면, 설악산을 가고 싶었던 친구는 사실 좀 섭섭한 마음이 들 수 있습니다. 그래서 다섯 명이 모두 같은 곳을 원하면 제일 좋을 겁니다. 이것을 '만장일치'라고 하지요.

그런데 만장일치가 언제나 좋은 기능만 하는 것은 아닙니다. 어떤 모임에서 결정 방식을 반드시 만장일치로 하자고 하면 어떻게 될까요? 그 모임에 참여한 사람 모두가 언제나 양보하고 협조할 생각이 있다면 큰 문제가 없습니다. 그러나 현실적으로 그렇지 못한 상황이 더 많겠지요. 그런 경우라면 한 사람만 반대해도 그 모임에서는 아무 결정도 내릴 수 없을 겁니다. 백 명이 모여 여행 장소를 정하기로 한 뒤, 아흔아홉 명은 경주로 가기를 원했는데 한 사람은 부산을 고집합니다. 만장일치로 결정하자고 했다면 여행 장소를 경주로 정할 수 없게 됩니다.

이처럼 만장일치로 하면 모든 사람이 합의에 도달하기가 매우 어렵습니다. 세 명이 만장일치로 합의하는 일과, 열 명이거나 백 명일 때, 천 명일 때를 생각해 보면 결정에 참여하는 사람이 많아질수록 합의에 도달하기가 더욱 어려워지겠지요. 무엇보다도 만장일치로만 의사 결정을 한다면 현재 상황이나 조건을 바꾸기 어렵다는 심각한 문제가 있습니다. 실제 사례를 한번 들어 볼까요?

국제 사회에서 발생하는 국가 간의 문제를 함께 논의하는 국제기구인 유엔UN을 아시지요? 우리 말로는 국제 연합이라고 합니다. 2007년부터 2016년까지 우리나라의 반기문 사무총장이 유엔을 이끌었지요. 그런데 유엔 안에서 가장 중요한 결정을 내리는 기관이 있습니다. 바로 유엔 안전보장이사회입니다. 유엔 안전보장이사회는 상임 이사국 다섯 나라가 있습니다. 미국, 영국, 프랑스, 러시아, 중국입니다. 유엔에서 중요한 결정을 내리려면 이들 다섯 나라가 모두 합의해야 합니다. 유엔 안전보장이사회의 결정 방식이 만장일치이기 때문입니다. 이들 다섯 나라 중 어느 한 곳이라도 반대하면 안건을 추진할 수 없습니다.

유엔 안전보장이사회는 유엔이 처음 만들어지던 1945년에 이들 다섯 개 나라로 정해졌습니다. 제2차 세계 대전 직후의 국제 상황이 반영된 것이었지요. 세월이 흘러 이제 국제 환경이 변화했기 때문에 그에 따라 유엔 안전보장이사회를 확대하거나 개편하자는 주장이 제기되고 있습니다. 하지만 다섯 나라 중 어느 한 곳이라도 반대하면 확대도 개편도 불가능합니다. 유엔 안전보장이사회의 만장일치 제도가 국제 사회에서 미국, 영국, 프랑스, 러시아, 중국 다섯 나라의 기득권을 더욱 공고하게 만들고 있는 것입니다. 또한 과거에 만들어진 이해관계나 질서를 지속하게 만들어서, 국제 사회에서 발생한 갈등이나 문제 해결을 어렵게 만드는 제도적 한계도 있습니다. 신라 시대의 화백 제도가 만장일치라고 해서 민주주의적이라고 하지만, 어쩌면 그 회의에 참여한 부족 중 어느 한쪽이라도 이익에 반하는 결정을 내리지 못하도록 한 제도였을지도 모릅니다.

단순 다수제 방식

유엔 안전보장이사회의 사례는 다섯 국가의 모임조차도 만장일치가 쉽지 않음을 잘 보여 줍니다. 많은 사람이 함께 어떤 결정을 내려야 할 때, 모두의 견해를 일치해 반영하는 만장일치라는 방식이 현실적으로 어렵다면 어떻게 해야 할까요? 다른 결정 방식을 사용해야 하겠지요.

민주주의 체제에서 많은 사람이 함께 참여해 결정을 내리는 대표적인 사례가 바로 선거입니다. 우리나라는 대통령과 국회의원뿐만 아니라, 서울시장이나 제주도지사와 같은 광역 단체장, 전라북도 의회나 부산시 의회 같은 광역 의회 의원, 대전의 유성구청장이나 강원도의 평창군수와 같은 기초 단체장, 서울의 은평구 의회나 전라남도 남원시 의회 의원과 같은 기초 의회 의원 그리고 각 시도 교육감도 선거로 선출합니다. 학교에서 반장이나 학생회장도 투표로 결정하지요. 이 밖에도 각종 조합의 조합장이나 각종 단체의 단체장도 투표로 결정하는 경우가 대부분입니다.

국회의원 선거를 예로 들어 볼까요? 국회의원 선거에서 대표자를 선출하는 데도 나라마다 각기 다른 여러 가지 방식을 사용합니다. 우리나라는 투표 결과 한 표라도 더 많이 얻은 사람이 당선됩니다. 당선자는 굳이 투표자 절반 이상의 표(과반)를 얻지 않아도 됩니다. 예를 들어 100명이 투표해서 ㉮ 후보 64표, ㉯ 후보 30표, ㉰ 후보 10표를 얻었으면, ㉮ 후보가 당선되는 방식이지요.

이런 경우도 생길 수 있습니다. ㉱ 후보 34표, ㉲ 후보 33표, ㉳ 후보 33표를 얻은 경우입니다. 여기서 ㉱ 후보가 받은 득표는 34표로 투표자 100명 중 절반을 넘지 못했고, ㉲, ㉳ 후보와 딱 한 표 차이지만 어쨌든 득표를 제일 많이 했기 때문에 당선자로 결정됩니다. 이런 방식을 '단순 다수제', '상대 다수제'라고 합니다. 승자를 결정하는 방식이 가장 단순하다고 할 수 있습니다. 경쟁자 중 한 표라도 더 얻으면 승리하는 것이니까요.

하지만 이 방식에도 단점이 있습니다. ㉣ 후보는 그 지역 투표자 100명 모두를 대표하는 사람으로 뽑혔지만 실제로 받은 표는 34표입니다. 그보다 훨씬 많은 66명의 사람들은 ㉣ 후보를 지지하지 않았습니다. 앞의 예에서 ㉮ 후보는 그래도 지지하지 않은 사람보다 지지자가 많았지만 ㉣ 후보는 그렇지 못합니다. ㉤와 ㉥ 후보를 찍은 투표자 66명은 자기의 뜻이 반영되지 못해 아쉬움을 갖게 됩니다. ㉤, ㉥ 후보에게 던진 표는 당선자 결정에 영향을 미치지 못한 채 버려졌다고 해서 사표死票라고 합니다. '죽은 표'라는 뜻이지요. 영어로는 '낭비된 표(wasted vote)'라고 합니다. 만장일치가 좋은 점은 모두가 동의하기 때문이겠지요. 마찬가지로, 당선자 결정에 최대한 많은 사람의 뜻이 반영되는 방식이 더 좋은 것이라고 할 수 있습니다. 그래서 사표가 많이 생기는 결정 방식은 바람직하다고 보기 어렵습니다.

그런데 이러한 단순 다수제는 또 다른 문제가 있습니다. 바로 지역주의 정치에 유리하다는 것입니다. 전국적으로 폭넓은 지지를 얻는 정당보다 특정 지역에 지지가 집중된 정당에 유리합니다. 예를 들어 볼까요?

A 선거구	B 선거구	C 선거구	D 선거구	E 선거구	F 선거구
득표	득표	득표	득표	득표	득표
X정당 60	X정당 60	X정당 60	X정당 10	X정당 10	X정당 10
Y정당 40	Y정당 40	Y정당 40	Y정당 40	Y정당 40	Y정당 40
Z정당 0	Z정당 0	Z정당 0	Z정당 50	Z정당 50	Z정당 50

합계	X 정당	Y 정당	Z 정당
평균 득표율 %	35	40	25
의석 수	3	0	3

A부터 F까지 여섯 개의 선거구가 있습니다. 여섯 개 지역에서 국회의원을 각각 한 명씩 뽑는다고 생각하시면 됩니다. 그런데 X, Y, Z라는 세 개의 정당이 서로 경쟁합니다. 세 정당은 각각 6개 선거구에서 위 표에 나타난 것과 같이 득표했습니다. 그러면 선거 결과가 어떻게 될까요?

A 지역을 먼저 보겠습니다. X 정당 후보자는 60%, Y 정당

후보자는 40%를 득표했으며, Z 정당은 후보자를 내지 못했기 때문에 0입니다. 그러면 A 선거구에서 당선자는 누가 될까요? 60%를 얻은 X 정당의 후보자입니다. 선거구 B, C는 모두 선거구 A와 같이 득표했기 때문에 A, B, C 세 선거구에서는 X 정당 후보자들이 모두 당선됩니다.

이번에는 D 선거구를 볼까요? D 선거구에서 X 정당 후보자는 10%밖에 얻지 못했습니다. Y 정당 후보자는 40%, Z 정당 후보자는 50%를 얻었습니다. 가장 많은 득표를 한 Z 정당 후보자가 여기서 당선됩니다. 선거구 E, F는 선거구 D와 같은 득표를 보였기 때문에 여기서도 정당 Z의 후보자가 당선되겠지요.

결과적으로 보면, A, B, C 선거구에서는 X 정당 후보자가 모두 당선되었고, 선거구 D, E, F에서는 Z 정당 후보자가 모두 당선되었습니다. 의석 여섯 개를 X 정당과 Z 정당이 50%씩 나눠 가졌습니다.

그런데 문제가 있습니다. A부터 F까지 6개 전 선거구에서 평균적으로 가장 높은 득표율을 보인 정당은 Y 정당입니다. 모든 선거구에서 고르게 40%씩 얻었고, 평균 득표율도 40%로 가장 높습니다. 반면 X 정당의 평균 득표율은 35%, 그리고 Z 정당의 평균 득표율은 25%에 불과합니다. Y 정당은 평균적으로 가장 높은 득표율을 보였고 모든 선거구에서 고르게 득표했지만, 의석은 하나도 차지하지 못했습니다. 정당별로 얻은 득표율과, 얻은 의석 간에 차이가 크게 생겨났습니다. 왜 그럴까요? 단순 다수제 선거 제도는 특정 지역에 지지가 몰려 있는 정당에 유리하기 때문입니다. X 정당과 Z 정당은 특정 지역에 지지가 집중되어 있어서 당선자를 낼 수 있지만, Y 정당은 전체적으로 고른 지지를 받아도 어느 한 군데서 집중된 지지가 없습니다. 그래서 Y 정당은 가장 높은 평균 득표율을 보였지만 정작 당선자는 한 명도 내지 못한 겁니다. 우리나라 선거에서 호남과 영남 지방에 지지가 집중된 정당들이 많은 의석을 차지하는 것도 바로 이 때문입니다.

단순 다수제보다 사표를 줄일 수 있는 방법은 당선자가 반드시 절반이 넘는 득표를 하는 겁니다. 이를 '절대 다수제'라고 합니다. 과반 득표자를 만들 수 있는 가장 쉬운 방법은 후보자가 두 명이 되도록 하는 겁니다. 두 명이 경쟁하면 한 명은 반드시 50%인 과반이 넘게 득표할 테니까요. 선거에 많은 후보자가 출마하는데 어떻게 두 명이 되게 할 수 있을까요? 여러 명이 출마하면 1차 투표에서 가장 많은 표를 얻은 두 명만 남겨서, 이 두 사람을 대상으로 투표를 다시 하면 됩니다. 예를 들어 1차 투표에 7명이 경쟁해서 25%, 18%, 17%, 15%, 10%, 8%, 5%, 2%(무효표) 각각 이렇게 득표했으면, 25%, 18%를 얻은 두 후보만 남기고 다 탈락시키는 겁니다. 그리고 이들 두 명만 놓고 다시 투표하는 것이지요. 1차에서 탈락한 후보를 지지했던 사람들이 본선에 진출한 이들 두 명 중 누구를 선택하느냐에 따라 당선자가 결정됩니다. 그렇기 때문에 1차에서 앞섰던 후보가 역전패할 수도 있습니다. 이런 방식을 '결선 투표제'라고 합니다. 예선을 거쳐 남은 두 명의 후보가 최종적으로 결선을 치르는 방식이지요.

그런데 단순 다수제나 절대 다수제나 정도의 차이는 있지만 언제나 사표가 생깁니다. 결선 투표제라고 해도 M 후보 51%, N 후보 49%라면, N을 찍은 49%의 사람들 표는 사표가 되지요. 70% 대 30%로 이겼으면 사표의 비율이 줄기는 하지만 그래도 30%는 사표가 됩니다. 이 30%의 사람들은, 선출된 대표자가 자기가 원한 후보가 아니었던 겁니다. 앞에서 이야기했지만 가장 바람직한 결정 방법은 그 과정에 참여하는 사람들 뜻이 최대한 많이 반영될 수 있도록 하는 것이겠지요. 즉, 사표를 최소화하는 것이 제일 좋은 방법입니다. 만장일치는 현실적으로 쉽지 않고, 다수제 방식은 사표가 많아 문제라고 한다면 또 어떤 방법이 있을까요?

비례 대표제 방식

이런 방법은 어떨까요? 한 사람만 뽑는 것이 아니라 여러 명을 뽑아서 유권자들이 원하는 만큼 당선자를 내도록 하는 겁니다. 예컨대 여러 지역을 묶어서 한 번에 20명을 뽑는다고 생각해 봅시다. A 정당은 환경의 중요성을 강조하고, B 정당은 교육 정책을 중요시합니다. C 정당은 국방을 강조합니다. D 정당은 복지를 내세우고, E 정당은 주택 공급을 약속합니다. 그 지역 유권자들은 각각 자기가 중요하게 생각하는 정책이 서로 다릅니다. 투표 결과 A 정당은 15%, B 정당은 20%, C 정당은 25%, D 정당은 30%, E 정당은 10%를 얻었다고 합시다. 이 선거구에 배정된 의석이 20석이기 때문에, 각 정당은 득표한 비율만큼 의석을 가져가면 됩니다. 즉 A 정당은 20석 중 15% 만큼인 3석을 차지하면 됩니다. 마찬가지로 B 정당은 4석, C 정당은 5석, D 정당은 6석, E 정당은 2석을 얻도록 하면 됩니다. 중요하게 생각하는 정책이 서로 다른 이 지역 사람들의 뜻이, 정당 의석으로 고르게 반영되었습니다. 이런 경우라면 사표가 거의 발생하지 않겠지요. 이런 선거 방식을 '비례 대표제'라고 합니다.

비례 대표제에서는 투표할 때 일반적으로 후보자가 아니라 정당을 선택합니다. 각 정당에서는 선거구 사람들에게 자기 당 비례 후보들 명단을 미리 순서를 매겨 소개합니다. 예를 들어 A 정당에서 왼쪽 그림과 같은 순서대로 후보자의 명부를 만들어 미리 투표할 사람들에게 알립니다.

비례 대표 후보

1. 홍길동
2. 심 청
3. 옹고집
4. 배장화
5. 홍계월
6. 전우치

선거 결과 A 정당이 두 석을 얻게 되었다면, 이들 여섯 명 가운데 홍길동과 심청이 당선되는 겁니다. 이런 방식이라면 정당이 제시한 비례 대표 후보 명단 가운데 순위가 높아야 당선 가능성도 커집니다. 높은 비례 대표 순번을 받으려면 정당 내에서 열심히 활동해서 정당 구성원의 신뢰와 지지를 얻어야 합니다.

이처럼 각 정당이 얻은 득표율만큼 의석이 배분되기 때문에 비례 대표제에서는 사표 발생이 크게 줄어듭니다. 그러므로 다수제 방식에 비해 비례 대표제는 선거에서 자기 뜻이 반영되지 않아 실망하는 사람들의 수가 적어지겠지요.

그런데 비례 대표제에서는 정당을 선택하기 때문에, 내가 사는 지역의 대표자를 내 손으로 못 뽑는다고 아쉬워하는 사람

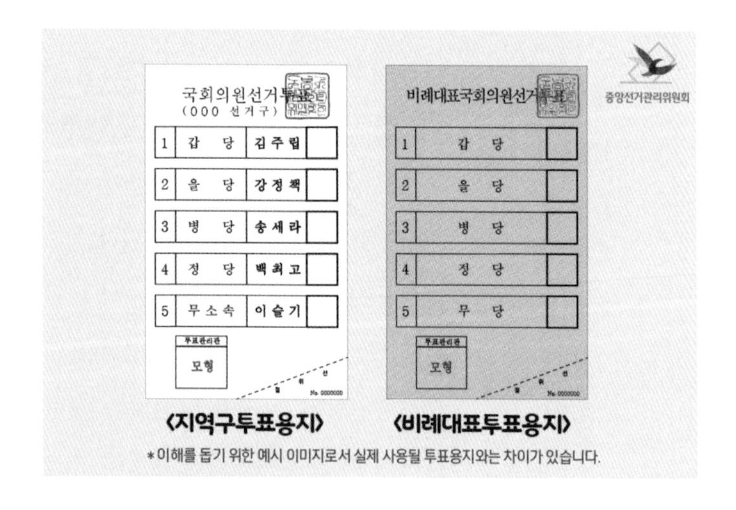

〈지역구투표용지〉 〈비례대표투표용지〉

*이해를 돕기 위한 예시 이미지로서 실제 사용될 투표용지와는 차이가 있습니다.

이 있을 수 있습니다. 이런 문제를 해결하려면 비례 대표제와 지역구 선거를 혼합한 방법을 생각해 볼 수 있습니다. 이를 '혼합형 선거 제도'라고 합니다. 우리나라도 혼합형 선거 제도를 시행하는데, 1인 2표제라고도 합니다. 한 표는 지역구에서 후보자를 선택하고 한 표는 정당을 선택하는 방식입니다. 130쪽 아래 사진은 중앙 선거 관리 위원회 홈페이지에서 안내하는, 우리나라 선거 때 사용하는 투표 용지 예시 이미지입니다. 사진에서 보듯이, 투표 용지 한 장에는 지역구에 출마한 후보자 명단이 적혀 있고, 또 다른 투표 용지에는 정당 명칭이 적혀 있습니다.

혼합형 선거 제도에는 두 가지 방식이 있습니다. 하나는 두 가지 방식을 각각 실시해서 합치는 겁니다. 예를 들어 국회의원 수가 200명이면 100명은 지역구에서 선출하고, 100명은 비례 대표로 선출해서 당선자를 합치는 겁니다. 정당 A가 지역구에서 20명을 당선시켰고, 비례 대표 투표에서 25%를 얻었다고 합시다. 그러면 지역구 20석에, 비례 대표 의석 25석(25% ×100석=25)을 합친 45석을 갖게 됩니다. 이것은 대만, 일본, 우리나라에서 사용하는 방식입니다. 다만 나라별로 지역구 의석과 비례 대표 의석 비율이 서로 다릅니다. 일본은 37.5%, 대만은 30.1%인 것에 비하면, 우리나라 비례 대표 의석 비율은 15.7%로 상당히 낮은 편입니다.

또 다른 방식의 혼합형 선거 제도는 단순 합산이 아니라 정당 투표의 득표율이 중요합니다. 즉, 정당 투표에서의 득표 비율대로 일단 그 정당이 얻은 의석이 정해집니다. 앞서 A 정당이 정당 투표로 25%를 얻었다면, A 정당이 얻은 총 의석수는 50석(200석×0.25)으로 결정됩니다. 그런데 지역구에서 20석을 얻었다면, '정해진' 의석수인 50석에서 지역구에서 얻은 의석수 20석을 뺀 30석이 비례 대표 의석으로 추가됩니다.

앞의 방식과 다른 점은, 두 가지 선거 방식의 결과를 각각 따로 계산해서 합치는 것이 아니라, 정당이 얻은 정당 득표율에 따라 의석수가 먼저 결정된다는 겁니다. 그리고 지역구에서 얻은 의석수를 뺀 만큼을 비례 대표 의석으로 추가 배분받는 방식입니다. 독일과 뉴질랜드가 대표적으로 이런 선거 제도를 도입한 나라입니다. 우리나라에서는 흔히 '연동형 비례 대표제'라고도 부릅니다. 정당 득표율에 연동되어 정당의 전체 의석수가 결정된다는 의미지요.

추첨 선거제 방식

앞에서 가위바위보로 결정하는 방식에 대해 이야기했습니다. 그런데 실제로 이와 같은 운, 재수에 의해 대표자를 선출하기도 합니다. 바로 추첨에 의한 방식입니다. 과거 고대 아테네 도시 국가에서는 일상적 행정 일을 맡아 보는 평의회라는 기구를 구성할 때 그 일을 할 사람을 매년 추첨으로 선출했습니다. 또한 재판 과정에서 무죄, 유죄 여부를 판단할 배심원도 추첨으로 선출했습니다. 상식을 가진 건전한 시민은 누구나 그 일을 맡을 능력이 있다는 것이지요.

오늘날에도 추첨으로 대표자가 정해지는 경우가 있습니다. 2004년 미국 플로리다주의 소도시 그로블랜드에서 대선과 함께 실시된 지역 의회 선거에서 G.P.슬론 후보와 리처드 플린 후보가 똑같이 689표를 얻었습니다. 재검표를 두 차례나 해도 승자를 결정짓지 못하자, 양측은 시민 회관에서 지지자들이 지켜보는 앞에서 행정 담당관 주재로 동전 던지기를 했지요. 그 결과 슬론 후보가 이겨서 당선되었습니다. 플로리다주 법에서는 후보들이 똑같이 득표하면 제비뽑기로 당선자를 결정

합니다.[3]

사람들이 집단으로 결정을 내리는 방식은 이처럼 매우 다양합니다. 모두의 합의하에 결정 방식이 정해졌다면 그에 따른 결과도 모두 겸허하게 받아들여야겠지요.

만장일치는 바람직하기는 하지만 많은 사람이 결정에 참여할 때 의견을 하나로 모으기가 쉽지 않습니다. 민주주의 사회에서는 다양한 견해와 주장을 갖는 것이 자연스럽기 때문에 무리해서 만장일치를 이끌어 내려고 해서도 안 됩니다. 한편, 다수제 방식은 승자를 결정하기에는 편리하지만, 사표가 많이 발생합니다. 그런 점에서 본다면 각자 원하는 비율만큼 대표자를 선출하는 비례 대표제가 바람직한 방안이 아닐까요?

| 함께 생각해 봅시다 | **알아 두면 쓸모 있을 정치적 질문**

- 유엔 안전보장이사회에서 중요한 안건에 대한 결정을 내릴 때 왜 상임 이사국 다섯 나라의 만장일치 방식을 택했는지 생각해 봅시다.
- 비례 대표제는 어떤 특성이 있는지, 우리 선거 제도에 비례 대표 의원의 비율을 높인다면 어떤 영향을 미칠지 생각해 봅시다.
- 양당제와 다당제는 각각 어떤 특징이 있으며 한국에서는 어떤 정당 체계가 더 바람직할지 생각해 봅시다.

7장
의회에서는
무슨 일을 할까?

국민을 대의하다

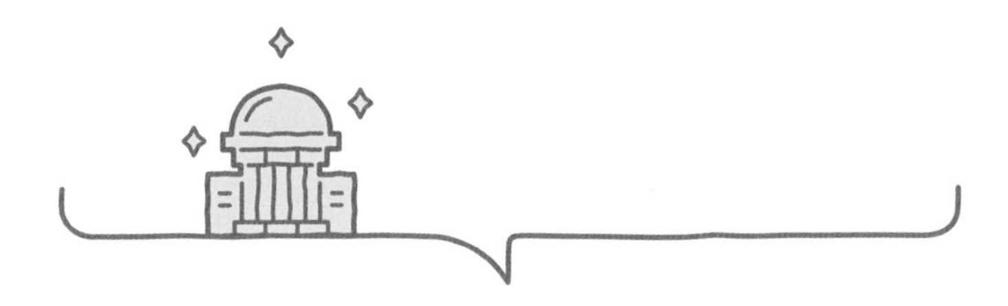

왜 군대에 가는 것이 의무일까요?

우리나라에서 신체 건강한 젊은 남성이라면 누구나 군대에 가야 합니다. 18개월 동안 군에 복무한다는 것은 개인의 신체적 자유가 그 기간 동안 제약을 받는다는 의미입니다. 또 소득이 있으면 누구나 세금을 내야 합니다. 세금 내는 걸 누구도 즐거워하지는 않을 겁니다. 세금은 국가가 개인 재산의 일부를 떼어 가는 것이니까요. 군대에 가는 일이나 세금을 내는 일 모두 하고 싶어서 자발적으로 하는 것은 아닙니다. 그러나 국민이라면 반드시 이를 따라야 합니다.

왜 반드시 따라야 할까요? 가장 분명한 답은, 안 하면 처벌을 받기 때문일 겁니다. 병역을 기피하거나 세금을 회피하면 벌을 받습니다. 그것은 법으로 정해져 있습니다. 사회를 유지하고 질서를 확립하기 위해서는 세금도 내야 하고 군대도 가야 합니다. 그런 만큼 그것을 강제할 수 있는 법도 필요합니다.

그런데 사실 세금을 내고 군대에 가는 것은 강제력 이전에 우리가 그렇게 하기로 동의했기 때문입니다. 소득이 있으면 세금을 내고, 일정한 나이가 된 남성은 군대에 가기로 합의한 일입니다. 나는 결코 동의한 적이 없는데 무슨 말이냐고 할지 모르겠습니다. 하지만 '법'으로 제정되었다는 것은, 그것이 국민의 동의에 기반한 결정이라는 의미입니다. 물론 우리가 직접 동의한 것은 아니고 우리가 선거로 뽑은 대표자들이 대신해서 한 일이지요. 이처럼 법률이 강제력을 갖는 이유는, 우리의 대표자인 국회의원이 우리를 대신해 국회에서 토론하고 표결해서 통과시켰기 때문입니다. 법에 규정된 내용대로 모두가 따르기로 대표자들이 합의를 한 겁니다. 그래서 법은 우리가 맺은 사회적인 약속이며 그렇기 때문에 반드시 지켜져야 하고 이 약속을 어기면 벌을 받게 됩니다.

세금을 내는 일 역시 우리를 대신한 대표자들의 동의에 기반합니다. 바로 예산안에 대한 국회의 비준입니다. 정부는 매년 나랏일에 쓸 예산을 짜면서 어디에 얼마만큼 돈이 필요한지 규모를 책정하고, 그 금액 사용에 대해 국회의 동의를 구합니다. 국회는 예산안을 검토한 뒤 타당하면 예산안을 통과시킵니다. 그것이 국회 비준 절차입니다. 국가 예산은 국민과 기업이 낸 세금으로 충당합니다. 그래서 국민의 대표인 국회가 예산안을 통과시켰다는 것은, 정부의 예산 사용에 대해 국민이 동의했다는 뜻과 같습니다. 이는 동시에 정부가 사용하려는 금액만큼을 세금으로 내는 데 국민이 동의를 표한 것입니다.

세금은 개인의 재산과 관련하여 예민하고 중요한 사안입니다. 그래서 모든 민주주의 국가에서 정부 예산은 반드시 의회의 동의를 구하도록 하고 있습니다. 의회제 국가에서는 내각이 제출한 정부 예산안이 의회에서 부결되면 그것을 내각에 대한 불신임으로 간주합니다. 그만큼 정치적으로 중요한 의미를 지닙니다.

마그나 카르타와 권리 장전

과거에는 국왕의 말이 곧 법이었습니다. 하지만 국왕의 개인적 생각이나 판단때문에 무리하고 잘못된 법도 많았고 그래서 억울한 일을 당하는 경우도 자주 생겨났을 겁니다. 이 때문에 서구에서는 개인의 자유나 재산과 관련된 사안을 국왕이 자기 마음대로 하지 못하도록 의회의 동의를 얻게 했습니다. 대표적인 사례를 영국에서 찾아볼 수 있습니다.

대헌장이라고 불리는 1215년의 〈마그나 카르타Magna Carta〉와 1689년의 〈권리 장전(the Bill of Rights)〉입니다. 〈마그나 카르타〉는 세금을 과도하게 징수하는 등 영주와 귀족들의 권리를 침해하지 않겠다는 헌장에 영국의 존 왕이 서명한 문서로, 국왕의 권한이 의회의 견제를 받기 시작했다는 데서 중요한 의미를 지닙니다.

〈마그나 카르타〉로부터 거의 480년 가까이 지난 1689년에 제정된 〈권리 장전〉은 의회의 동의라는 조건이 더욱 분명해집니다. 국왕은 의회의 동의가 없으면 법률을 마음대로 적용, 집행하거나 폐기하지 못하게 했습니다. 또한 세금을 물리는 일이나 평시에 군대를 소집하는 일도 의회의 동의를 꼭 구하도록 했습니다. 〈권리 장전〉으로, 의회의 동의를 거쳐야만 법을 만들고 세금을 부과할 수 있도록 한 것입니다.

법을 만드는 곳

오늘날에는 의회에서만 법을 만들 수 있습니다. 우리나라에서 국회를 입법부立法府라고 합니다. 입법은 곧, 법을 세우다, 법을 정한다는 뜻이지요. 입법부를 영어로 legislature라고 하는데, 이 단어의 어원은 라틴어 'lex'와 관련이 있습니다. lex는 법, 법률을 의미합니다. 앞서 이야기한 것처럼 입법, 사법, 행정의 삼권 분립이 엄격한 미국에서는 상원, 하원의원만이 법안을 제안할 수 있습니다. 그러나 우리나라에서는 의원뿐만 아니라 정부도 법안을 제안할 권한이 있습니다. 물론 법을 만들 수 있는 곳은 미국이나 우리나라 모두 의회뿐입니다.

우리나라에서는 법 제정과 관련하여 국회 이외의 부서에서 영향을 행사할 수 있는 경우는 대통령의 법안 거부권, 그리고 헌법재판소의 위헌 법률 판결뿐입니다. 대통령이 거부한 법안은 국회 재적 의원 2/3 이상의 찬성을 얻으면 재의결되어 법안으로 확정됩니다. 그리고 국회에서 만든 법이 헌법에 위배된다고 헌법재판소가 판결하면 그 법은 효력을 잃게 됩니다.

과거 권위주의 체제 때에는 국회가 사실상 자율성을 갖지 못했습니다. 당시에는 의원이 법안을 제안한 경우는 극히 드물었고 대부분의 법안을 정부에서 제출했습니다. 그리고 국회는 정부에서 제출한 법안을 거의 손대지 않고 그대로 통과시켰지요. 정부가 제안한 법을 국회가 논의도 제대로 못 하고 통과시킨다고 해서 '통법부通法府'라는 비아냥을 받기도 했습니다. 민주화된 이후에는 사정이 많이 달라졌지요. 이제는 의원들이 제안한 법안 수가 정부가 제안한 법안 수보다 많아졌습니다. 정부가 제출한 법안도 그대로 통과되기보다 여야 정당 간 협의를 통해 개정된 형태로 처리되는 경우가 더 많아졌습니다.

법을 만드는 권한은 국회에만 부여됩니다. 그런데 국회가 법을 만들면서, 그 법이 적용될 때 일어날 수 있는 세세한 경우까지 다 고려해서 법 조항을 만들 수는 없습니다. 국회가 만든 법을 실제로 시행하기 위한 규칙은 법 집행을 맡은 행정부가 정합니다. 이를 '행정 명령'이라고 합니다. 대통령이 그 규칙을 정하면 대통령령, 국무총리가 정하면 총리령, 그리고 장관이 정하면 부령이라고 합니다. 예를 들어 국회에서 '미래 교육을 위한 위원회'를 만들기로 법을 만들었다고 해 봅시다. 이 위원회가 일을 하기 위해서는 어떤 사람들로 구성되고, 인원은 몇 명으로 해야 하고, 임기는 몇 년으로 해야 하고, 구체적으로 어떤 역할을 할지 정해야 합니다. 이런 것은 대통령령이나 총리령, 혹은 교육부령으로 정하게 됩니다. 국회에서 만든 법과 그 시행을 위한 행정부의 행정 명령을 합쳐 법령이라고 부릅니다.

이처럼 의회의 가장 중요한 역할은 법을 만드는 것입니다. 그리고 그 법은 우리의 대표자들이 우리를 대신해서 행한 사회적 약속입니다.

여론을 대변하는 곳

또 한편으로 국회는 '말하는 곳'입니다. 국회가 말하는 곳이라니 이상하게 들리시나요? 영국에서는 의회를 'Parliament'라고 합니다. 독일에서 의회는 'das Parlament'입니다. 이탈리아에서는 의회를 'Parlamento'라고 합니다. 흥미롭게도 세 나라에서 의회를 지칭하는 단어 속에 'parl'이라는 글자가 공통으로 포함되어 있습니다. 의회라는 단어는 프랑스어 'parlement'에서 파생되었는데 이 단어는 '말하다'라는 뜻의 동사 'parler'와 관련이 있습니다. 의회에 대한 프랑스어의 어원을 고려해 볼 때 의회는 '말하는 곳'이 되겠지요. 의회에서 과연 무엇을 말해야 할까요?

의회는 국민의 정치적 대표자가 모인 곳입니다. 국민의 관심사, 그리고 사회의 다양한 이야기가 모두 논의되고 토론되어야 합니다. 코로나와 같은 전염병으로 국민의 불안감이 높아졌다면, 국민의 그러한 우려에 대해 국회에서 토론을 해야 합니다. 정부 관련 부서의 장관이나 총리에게 대책을 묻고 더욱 효과적으로 대처하라고 다그쳐야겠지요. 부동산 가격이 올라서 내 집 마련에 어려움을 겪는 사람이 많아졌다면, 정부 정책에 대한 불만과 걱정을 국회의원들이 국민을 대신하여 관련 정부 부서 책임자에게 말해 주어야 합니다. 이처럼 의회는 사회적으로 관심을 끌거나 문제가 될 사안에 대해 국민을 대신해서 말하는 곳입니다.

의회에는 그렇게 말할 수 있는 제도가 마련되어 있습니다.

우리나라 국회에는 대정부 질문을 합니다. 대정부 질의는 국회의원이 국무총리나 관련 부서 장관을 본회의장에 불러서 사회적으로 중요한 사안이나 국민의 관심이 큰 사항에 대해 질문하고 그에 대한 정부의 답변이나 의견을 듣는 자리입니다. 또한 국회 상임 위원회에서 관련 정부 부서 책임자를 불러서 질문하고 그에 대한 답변을 듣기도 합니다. 국회 상임 위원회는 국회의 감독 기능을 전문적으로 수행하기 위해 영역별로 국회의원들을 각각 나눠 놓은 것입니다. 예를 들면 국회의 외교 통일 위원회라는 상임 위원회는 외교부와 통일부의 업무를 감독합니다. 이 때문에 중요한 국방 문제나 외교적인 사안이 발생하면 국방부 장관이나 외교부 장관을 상임 위원회에 불러서 그 사안에 대해 질의하고 응답합니다. 국회가 국민의 관심사를 대신 전달하고 그에 대한 답을 듣는 것이지요.

내각제 국가에서는 총리와 장관이 매주 일정한 시간 동안 의회에 나가서 의원들의 질문에 답을 하는 '질의 시간(Question Time)'이라는 제도가 있습니다. 영국의 경우 하원에서의 질의 시간은 월요일부터 목요일까지 매일 한 시간씩 정해진 시간에 이뤄집니다. 총리를 대상으로 하는 질의 시간(Prime Minister's

매주 수요일 12시부터 12시 30분까지 총리와 '질의 시간'을 갖는 영국 하원 의회 모습

Question Time)은 매주 수요일 12시부터 12시 30분까지 30분간 갖습니다. 위의 사진은 영국 하원 의회에서 총리가 질의 시간을 갖는 모습입니다.

사진을 보면 오른편 하단에 한 여성이 서서 뭔가를 말하고 있습니다. 당시 보수당 정부를 이끌던 영국 총리 테레사 메이 Theresa May입니다. 메이 총리는 2016년부터 2019년까지 총리로 재임했습니다. 메이 총리 건너편에 앉아 있는 사람은 야당인 노동당 당수입니다. 사진 아래쪽 가운데, 메이 총리가 서 있는 단상 중앙은 하원 의장의 자리인데, 하원 의장을 기준으로 오른편(메이 총리 뒤쪽)에 여당 의원들이 앉고 왼편(메이 총리 맞은편)에는 야당 의원들이 앉습니다. 메이 총리가 말하고 나면 야당 당수 혹은 다른 의원이 질문을 하고 그에 대한 답을 하는 형태로 질의 시간이 운영됩니다.

이 질의 시간은 여야 모두에게 매우 중요하고, 텔레비전으로도 생중계됩니다. 야당으로서는 정부 정책에 대한 국민의 불만과 우려를 비판적으로 잘 전달해야 하고, 여당은 정부가 일을 잘하고 있음을 효과적으로 보여 주어야 합니다.

그런데 사진의 좌우편 외에 위쪽에 모여 있는 사람들은 누구일까요? 총리까지 나와 있는 의회 토론 시간에 몰려 서 있는 사람들도 영국 하원의원들입니다. 이들이 그곳에 서 있는 이유는 의자 수가 부족하기 때문입니다. 영국 하원의원 수는 650명이지만, 하원 내 의석은 427개뿐입니다. 정원에 비해 200석 이상 모자랍니다. 웨스트민스터 궁전이라고 불리는 영국 의사당 건물은 1860년에 완공되었습니다. 그때는 하원의 의원 수가 이렇게 많지 않았습니다. 의원 수는 더 늘었지만, 전통과 관행

영국 런던에 위치한 국회 의사당 건물로 영국 상원과 하원 의회장이 있는 웨스트민스터 궁전

을 중시하는 영국은 의사당을 굳이 수리하지 않았고 늦게 온 의원들은 사진 속 장면과 같이 선 채로 질의 시간에 참여해야 했지요.

질의 시간 제도는 다른 내각제 국가에도 있습니다. 독일에서 정부 장관들은 매주 수요일 내각 회의를 마친 후 연방 하원에 참석해 30분가량 의원들로부터 현안 관련 질문을 받습니다.

그 후에는 사전에 서면으로 제출한 질문에 대한 추가 질의응답 시간을 갖습니다.

대통령제 국가인 미국에서는 청문회 제도를 활발하게 활용합니다. 청문회는 영어로 'hearings'라고 합니다. 말 그대로 듣는 자리입니다. 미국 의회에서 각 위원회가 법을 만들고 정책을 결정할 때 관련 행정 부서 공무원들뿐만 아니라 이익 집단, 전문가들, 그리고 그 법이나 정책에 영향을 받을 수 있는 시민들까지 포함하여 다양한 사람들로부터 정보를 얻고 의견을 듣습니다. 청문회는 의회가 다양한 사람들이 '말하는 것'을 잘 듣고 법을 만드는 데 도움을 받도록 하는 제도라고 할 수 있습니다. 대정부 질문이 국민의 대표자인 의원이 국민 대신 '말하는 곳'이었다면, 청문회는 정책과 관련된 사람이 대표자들에게 '말할 수 있는' 장소입니다.

우리나라 국회에도 청문회 제도가 있습니다. 총리나 장관 등 고위 공직자를 대통령이 임명하면 이들의 자질이나 역량을 파악하기 위한 인사 청문회가 있고, 법을 만들 때 관련된 사람들의 견해와 주장을 듣고 또 전문가의 의견을 청취하기 위한 입법 청문회도 있습니다. 그리고 조사 청문회는 국회가 국정 감사나 국정 조사를 할 때 쟁점이 되는 현안과 관련된 진상 규명이나 조사를 위해 개최합니다. 우리나라에서는 이 가운데 인사 청문회가 가장 빈번하게 열렸습니다. 미국에서는 인사 청문회, 입법 청문회, 조사 청문회 이외에도 다양한 형태의 청문회 제도를 갖추고 있습니다. 청문회 제도 역시 의회가 '말하는 곳'이라는 특성을 잘 보여 줍니다.

단원제와 양원제

의회는 하나의 의회만을 갖춘 단원제와 두 개의 의회로 구성된 양원제의 두 가지 형태가 있습니다. 단원제 의회를 갖춘 나라는 우리나라를 비롯해 스웨덴, 포르투갈, 그리스, 뉴질랜드, 이스라엘, 노르웨이, 핀란드 등입니다. 양원제 의회를 가진 나라는 미국, 영국, 일본, 독일, 이탈리아, 프랑스, 스페인 등입니다. 두 개의 의회를 거쳐야 법이 결정되는 것에 비해 하나인 단원제가 더 효율적이라고 볼 수도 있지만, 그만큼 신중한 논의는 양원제가 더 나을 수 있습니다. 그런데 양원제라고 해도 상원과 하원의 권한 배분은 나라마다 달라서, 양원제라고 모든 나라가 같은 특성을 보인다고는 할 수 없습니다.

미국은 대표적으로 상원과 하원의 권한이 동일한 나라입니다. 하원에서 처리된 법안은 상원을 반드시 거쳐야 합니다. 이에 비해 영국은 하원의 권한이 훨씬 강합니다. 예를 들어 국민의 재산과 관련된 법안인 각종 세금과 건강 보험 등에 대해 상원은 다룰 권한이 없습니다. 즉, 돈이 수반되는 법안(money bills)에 대해서는 하원만 다룰 수 있습니다.[4]

또한 영국에서 하원은 평민원(House of Commons)이라 하고 국민이 선거로 직접 선출합니다. 영국에서 하원만이 재산과 관련된 법안을 다룰 수 있는 이유는 국민이 직접 선출한 대표자들이기 때문입니다. 반면 상원은 귀족원(House of Lords)이라 하여 과거에는 세습 귀족이나 국왕이 임명하는 이들로 구성되었는데, 최근 들어 세습 귀족의 수를 크게 줄이는 등 구성 방식에 변화가 생겨났습니다.

국민을 대신해 논의하는 곳

의회는 대의 민주주의의 가장 중요한 기구입니다. '대의代議'

는 대신 의논한다는 뜻입니다. 국민이 모두 참석해 논의할 수 없으니, 국민을 대신한 대표자들이 나라의 일을 논의하도록 한 것이 대의 민주주의입니다. 그 대표자들이 모인 곳이 바로 의회입니다. 따라서 대의 민주주의가 잘되기 위해서는 대표자들의 역할이 중요합니다. 국민의 뜻을 성실하게 잘 반영할 수 있어야 하고, 서로 다른 의견을 접하게 될 때 이를 잘 조정할 수 있는 능력을 갖춰야 훌륭한 대표자라고 할 수 있습니다. 선거를 통해 그런 역량 있고 성실한 대표자를 선출해야 하는 것은 국민의 책임입니다.

대표자들의 역할뿐만 아니라 대표자들의 구성도 중요합니다. 한 사회에는 이해관계와 생각이 다르고, 또 각자 처한 환경에 따라 다양한 구성원이 존재합니다. '대의'가 제대로 이뤄지려면 이러한 다양한 사회적 특성이 국회 대표자들의 구성에 최대한 반영되어야 합니다. 그래야 대의 기관인 국회가 사회적 요구를 다양하게 전달하고 토론할 수 있겠지요.

그런 점에서 보면 우리나라 국회의 구성은 여전히 아쉬운 점이 많습니다. 예를 들면 전체 국민의 절반이 여성인데 국회의원은 남성이 압도적으로 많습니다. 또한 장애인과 같은 사회적 약자와 경제적으로 어려운 사람들, 청년의 목소리를 대변할 대표자도 더 늘어나야 합니다. 이렇게 다양한 요구와 목소리를 대의하려면 사실 대표자 수도 더 늘어나야 합니다.

우리나라 국회의원의 수는 다른 많은 민주주의 국가에 비하면 많지 않은 편입니다. 우리나라 대의 민주주의가 한 단계 더 발전하려면 역량 있는 대표자들을 뽑아야 하는 것은 물론 그 구성의 다양성도 강화해야 합니다.

| 함께 생각해 봅시다 | 알아 두면 쓸모 있을 정치적 질문

- 대한민국 헌법에 명시된 국민의 4대 의무에 대해 알아보고, 국민은 왜 그 의무를 지키고 따라야 하는지 생각해 봅시다.
- 국회의 상임 위원회나 교섭 단체의 구체적인 역할과 목적은 무엇인지 생각해 봅시다.
- 의회 제도의 형태에서 양원제와 단원제의 장단점을 찾아보고, 한국의 정치가 발전하기 위해 어떤 형태가 더 적합할지 생각해 봅시다.

8장
보수와 진보는
무엇을 뜻할까?

사회가 나아갈 방향을 제시하다

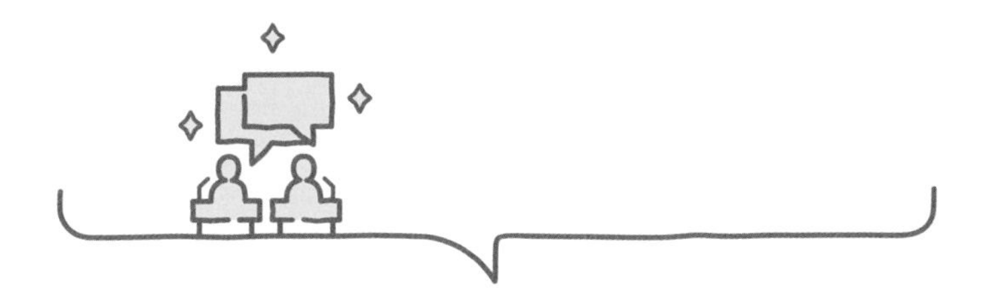

정당은 무슨 역할을 할까요?

신문이나 텔레비전 뉴스에서 보수가 어떻고 진보가 어떻다는 이야기를 자주 접합니다. 사회가 보수, 진보로 분열되어 문제라고도 합니다. 도대체 보수와 진보가 뭘까요? 그리고 왜 이런 차이가 생길까요? 이번 장에서는 이념과 정당 이야기를 나누고자 합니다.

보수와 진보로 분열되어 문제라는 사람도 있지만, 세상 어느 곳, 어느 시대에서나 생각의 차이는 존재했습니다. 모든 사람이 같은 생각만 해야 한다면 그게 더 문제 아닐까요? 이처럼 보수와 진보라는 차이가 생기는 것 또한 너무 당연한 일입니다. 사람마다 처한 상황이 다르고 또 세상을 바라보는 시각도 같을 수 없기 때문입니다.

먼저 보수와 진보의 기본적인 뜻을 살펴보면 이렇습니다. '보전하여 지킨다'는 사전적 의미를 지니는 '보수'는 새로운 것이나 변화를 적극적으로 받아들이기보다 기존의 가치를 유지하려는 입장입니다. 반면 '한 걸음 나아간다'는 의미의 '진보'는 새로운 가치를 지향하고 사회 변화를 적극적으로 추구하려는 입장입니다. 간단히 말해 보수는 기존에 있는 그대로를 더 좋고 편안하게 느끼는 태도이고, 진보는 지금의 상황이나 질서를 변화시키고자 하는 경향이라고 할 수 있습니다.

예를 들어 볼까요? 한 개인이 살아가면서도 생각이나 태도가 변화할 수 있습니다. 젊었을 때는 새롭고 특이한 스타일의 음악을 좋아하지만, 나이가 들면 예전에 들었던 노래가 더 편안하게 느껴질 수 있습니다. 젊은 사람은 변화하는 환경에 쉽게 적응할 수 있으니 새로운 것을 더 좋아하고 매력적으로 생각할 수 있지만, 나이를 먹은 사람은 그동안 자기가 살아온 방식이 주는 익숙함 때문에 옛날 것이 더 편하게 느껴지는 것입니다. 이처럼 변화를 적극적으로 수용하는 태도를 진보적, 변화보다 기존의 익숙함을 추구하려는 태도를 보수적이라고 할 수 있습니다.

사회적인 문제를 두고도 생각이나 선호의 차이가 있을 수 있습니다. 예를 들어 잦은 집회와 시위가 다른 사람들에게 불편을 끼칠 수 있으므로 시간, 장소에 제약을 둬야 한다는 입장이 있을 수 있습니다. 반면 집회와 시위는 표현의 자유이기 때문에 제약을 받아서는 안 된다고 생각할 수도 있습니다. 앞의 관점은 사회 질서를 강조한다는 점에서 보수적이고, 뒤의 관점은 개인의 자유와 선택을 강조한다는 점에서 상대적으로 진보적이라고 할 수 있습니다.

이런 차이는 전통이나 관습에 대한 태도에서도 찾아볼 수 있습니다. 여성은 집안일을 하고 아이를 키우는 데 전념해야 한다고 생각할 수 있습니다. 그와 반대로 남성도 집안일과 육아를 담당해야 한다고 생각할 수 있습니다. 앞의 태도는 전통을 강조하는 보수적 입장이고, 뒤의 태도는 시대에 따른 성 역할 변화를 강조하는 진보적인 태도라고 할 수 있습니다.

우리 사회에서는 북한 문제도 보수와 진보에 따라 중요한 입장 차를 보입니다. 북한의 침략으로 시작된 6·25 전쟁을 겪은 뒤 우리 사회는 북한 공산주의와 적대적으로 대립해 왔습니다. 북한의 상황이 특별히 바뀌지 않는 한 이런 적대적 관계가 불가피하다는 것이 보수의 입장입니다. 반면 북한과 교류 협력을 하게 되면 한반도의 군사적 긴장이 완화되기 때문에 북한과 관계를 우호적으로 바꿔 나가자고 한다면 진보의 입장입니다. 여기서 보수와 진보는 북한과의 적대적 관계를 계속해 나가느냐 아니면 변화시키느냐에 대한 시각의 차이에서 비롯됩니다.

좌파와 우파

경제적인 측면에서도 차이가 생겨날 수 있습니다. 경제와 관련된 진보와 보수의 입장 차이는 흔히 좌파, 우파라고 불리기도 합니다. 좌파, 우파라는 용어는 1789년 프랑스 혁명 직후 생겨났습니다. 혁명과 함께 정치 상황이 급격하게 변화하면서 그때까지 강한 권력을 행사하며 나라를 다스려 온 국왕에 대한 태도가 변하기 시작했습니다. 의회 의원들도 군주제를 유지할지 폐지할지를 둘러싸고 찬반으로 의견이 갈렸습니다. 그런데 당시 국왕을 지지하는 사람들은 의회 의장석의 오른쪽에 앉았고, 국왕에 반대하며 혁명을 지지하는 사람들은 의장 왼쪽에 앉았습니다. 국왕은 전통적 질서의 유지와 지속을 상징하는 존재였습니다. 반면 혁명은 그 질서로부터의 급격한 변화를 의미했습니다. 즉, 우파는 현상 유지, 좌파는 급격한 변화를 상징했습니다. 이때부터 왼쪽, 오른쪽이라는 방향을 나타내는 말이 정치 성향을 나타내는 표현으로 사용되기 시작했습니다.

그런데 산업 혁명 이후 공장이 많이 세워졌고 거기서 일하는 노동자들이 대거 생겨났습니다. 그리고 그들이 정치적 권리를 갖게 되면서 좌파와 우파는 경제 정책을 둘러싼 입장 차이를 나타내는 용어가 되었습니다. 좌파는 경제적 분배와 평등을 중시합니다. 이를 위해 정부가 경제 활동에 개입해 기업 활동을 규제하고, 세금을 많이 거두어 복지 정책도 적극적으로 펼쳐야 한다고 생각합니다. 좌파의 극단적인 형태는 공산주의가 되겠지요. 공산주의 이론은 별도로 소유하는 개인의 재산을 인정하지 않고 국가가 모든 재산을 소유하면서 모두가 똑같이 경제적으로 평등하게 살자는 것입니다.

이에 비해 우파는 개인의 재산을 중시하고 시장에서의 경쟁을 강조합니다. 우리 회사가 돈을 많이 벌고 싶다면 다른 회사보다 품질이 더 좋고 값도 싼 제품을 만들어야겠지요. 이렇게 하려면 새로운 기술도 개발해야 하고 남보다 좋은 아이디어도 생각해 내야 합니다. 이런 노력들이 사회 전체에 도움을 주고 또 일자리도 만들어 낸다고 생각합니다. 국가가 개입하는 것보다 시장에서의 경쟁이 더 효율적이라는 것이지요.

그런데 좌파나 우파 모두 장점과 단점이 있습니다. 평등만 강조하면 굳이 열심히 일하려고 하지 않을 겁니다. 열심히 일하지 않아도 다들 평등하게 살게 될 테니까요. 반면 시장 경쟁을 너무 강조하면 그 경쟁에서 이기지 못한 사람은 어렵게 살게 됩니다. 사람들 간의 경제적 격차가 커져 사회 문제가 될 수 있습니다.

이 때문에 오늘날에는 우파에서도 복지나 형평을 중시하고 또 국가가 어느 정도 경제에 개입하기는 걸 불가피하게 생각합니다. 또한 좌파도 자본주의 경제 질서를 부정하지 않습니다. 그래서 혼합 경제라는 말이 나왔지요. 하지만 좌파, 우파가 중요하게 생각하는 분배 - 평등, 경쟁 - 효율이라는 서로 다른 경향의 차이는 언제나 존재합니다.

진보 정당, 보수 정당

그런데 보수와 진보, 좌파와 우파 모두 정당과 관련하여 이야기되는 경우가 많습니다. 좌파 정당, 우파 정당, 보수 정당, 진보 정당 이런 표현을 많이 씁니다. 좌파와 우파, 진보와 보수에 '정당'이라는 말은 왜 같이 붙어 다닐까요?

우선 정당이 무엇인지 살펴봅시다. 길거리를 가다 보면 집회나 시위를 하면서 여러 가지 구호를 외치는 사람들을 볼 수 있습니다. 혹은 요구를 적은 현수막이 붙은 걸 보기도 합니다. 환경 단체가 요구하는 '댐 건설을 중단하라'는 주장도 있고, '노동 시간 단축을 법적으로 보장하라'는 노동조합의 요구도 있습니다. 사회에 영향을 미치는 공공 사안에 대해 요구하는 환경 운동 단체와 같은 집단을 우리는 시민 단체라 하고, 노동조합이나 의사 협회, 변호사 협회처럼 자기 집단의 이익을 위해 여러 가지 요구를 내세우는 집단을 이익 집단이라고 합니다. 시민 단체나 이익 집단은 '댐 건설 중단'이나 '노동 관련 법 개정'

처럼 국가 정책에 영향을 미치는 요구와 주장을 내세웁니다. 그런 점에서 이들 단체는 모두 '정치 활동'을 한다고 볼 수 있습니다.

하지만 우리는 이런 집단을 정당이라고 부르지 않습니다. 그럼 정당은 이런 단체들과 뭐가 다를까요? 무엇보다 정당은 '권력'을 추구하는 사람들의 집단입니다. 이익 집단이나 시민 단체가 정치와 관련된 활동을 하더라도 이들은 스스로 권력을 차지하려고 하지 않습니다. 권력의 추구, 이것이 정당과 다른 집단을 구분 짓는 가장 중요한 특징입니다.

그런데 역사를 되돌아보면, 권력을 잡기 위해 혁명을 일으키거나 군인들이 무력을 동원하여 쿠데타를 행한 적도 있습니다. 그런데 오늘날 민주주의 국가에서는 그런 방식으로는 권력을 얻을 수 없습니다. 민주주의 체제에서 권력을 차지하려면 선거에 출마해야 합니다. 선거에서 유권자의 지지를 많이 받으면 일정한 임기 동안 권력을 행사할 수 있습니다. 따라서 민주주의 체제에서 정당은, 선거에 자기 당 후보자를 출마시키고 그 선거에서 승리함으로써 대통령, 국회의원, 시장이나 도지사, 지방 의회 의원과 같은 공직을 담당해 권력을 행사하기를 원하는 사람들의 집단이라고 할 수 있습니다.

그런데 정당이 공직을 원하는 사람들의 집단이라고 해도 무턱대고 자기들이 맡겠다고만 하면 표를 얻기가 어렵습니다. 뭔가 명분이 있어야겠지요. 말하자면 '우리가 권력을 잡으려고 하는 것은 우리 사회를 어느 방향으로 이끌어 가고 싶기 때문이다'라는 식의 명분을 제시해야 합니다. 이런 명분이 있어야 국민의 공감을 얻고 지지도 받을 수 있습니다.

그런데 '우리 사회가 나아가야 할 방향'에 대해서는 생각과 주장이 서로 다른 수 있습니다. 어떤 정당은 경쟁이 중요하기 때문에 시장 경쟁을 최대한 허용하고 이를 통해 효율과 혁신이 이뤄지도록 하겠다고 주장합니다. 또 다른 정당은 평등이 중요하기 때문에 이를 위해서 세금을 올리고 경제 활동에 국가가 개입하겠다고 할 수 있습니다. 또 북한과의 관계에 대해서도 다른 생각이 있을 수 있습니다. 어떤 정당은 북한과 협력하면서 지내는 게 중요하다고 할 수 있고, 다른 정당은 그런 방식으로는 북한 문제가 해결되지 않으니 압박하는 게 필요하다고 할 수 있습니다.

이처럼 정당별로 중시하는 '우리 사회가 나아가야 할 방향'

에 대한 견해가 서로 다릅니다. 우리 사회가 나아가야 할 방향에 대한 견해 차이가, 앞서 살펴본 보수나 진보, 혹은 좌파나 우파와 같은 이념 차이로 나타납니다. 정당은 우리 사회가 나아가야 할 방향에 대해 생각이 비슷한 사람들이 모여 그 이념을 토대로 권력을 추구하는 집단이라고 할 수 있습니다. 진보 정당은 지금의 상황이나 질서를 바꾸는 것이 사회적으로 더 바람직하다고 생각하는 사람들의 집단입니다. 보수 정당은 변화 자체를 거부하지는 않지만 그러한 변화가 서서히 질서 있게 점진적으로 이뤄져야 한다는 입장을 가집니다.

그런데 정당이 내세우는 이런 이념들은, 선거에서 선택을 해야 하는 일반 시민에게도 중요합니다. 정치에 관심이 많다고 해도 정당의 각종 구체적 정책에 대해 세세히 다 알기는 쉽지 않습니다. 한 정당의 경제 정책에 대해 안다고 해도, 그 정당의 환경 정책, 교육 정책, 통일 정책, 과학 기술 정책 등 다른 것까지 모두 알기 어렵습니다. 하지만 그 정당의 이념을 알고 있다면 저 정당이 대략 어떤 방향으로 정책을 추구할지를 짐작할 수 있습니다. 이처럼 정당이 내세우는 이념은 정당이 원하는 정책의 방향을 제시하는 것이지만, 동시에 유권자에게는 그 정당의 성향을 쉽게 알게 해 주는 나침반 역할도 합니다.

여론을 전하다

정당은 시민들의 목소리를 모아 국가 기관에 전달하는 교량 역할을 합니다. 선거 때 정당은 자신에게 권력을 주면 국민이 원하는 바를 실천하겠다는 공약을 내세웁니다. 국민과 약속하는 것이지요. 그리고 선거에서 승리한 정당은 정부 정책으로 그 약속을 실천하게 됩니다. 만약 권력을 잡은 후에 그 약속을 안 지키면 어떻게 해야 할까요? 약속을 어긴 벌로 다음 선거에서 그 정당에 투표하지 않는 것입니다. 그러면 그 정당은 권력을 잃게 되겠지요. 이런 것을 '정치적 책임을 묻는다'고 합니다. 이처럼 선거를 통해 국민이 정치적 책임을 물을 수 있기 때문에 정당은 국민과 한 약속을 지켜야 합니다.

정당은 몇 개가 있으면 좋을까요? 하나만 있으면 싸우지 않아서 더 좋지 않을까요? 중국, 북한, 베트남 같은 공산주의 국가는 사실상 하나의 정당만 허용됩니다. 정당이 하나라는 것은 민주주의 체제가 아니라는 말이겠지요. 여러 개의 정당이 존재하고 여당, 야당으로 나뉘어 서로 경쟁해야 다양한 국민의 뜻이 반영되어 민주주의가 제대로 작동하게 됩니다. 그러면 정당이 몇 개가 있어야 좋을까요?

정당이 많을수록 사회의 다양한 의견과 요구가 여러 정당을 통해 대표될 수는 있겠지만, 현실적인 문제가 있습니다. 국회에서 합의를 도출하기가 상당히 어려워진다는 점입니다. 정당이 두 개면 어떨까요? 정당이 두 개라면, 어느 한쪽이 대부분 의석의 절반 이상을 차지해 그 정당의 뜻대로 할 수 있습니다. 만약 의석 비율이 51대 49라면, 49의 목소리가 전혀 반영되지 않을 가능성도 있습니다. 또 이렇게 두 개의 정당만 있으면 두 정당 간 갈등이 심해질 때 중간에서 그 갈등을 중재해 줄 세력도 없게 됩니다.

다양한 요구가 반영되고 또 타협과 양보의 정치를 위해서는 두 개보다는 더 많은 수의 정당이 있는 편이 좋습니다. 정당이 너무 많으면 곤란하니 대체로 세 개 내지는 다섯 개 정도의 정당이 있으면 좋을 것 같습니다. 이를 '온건 다당제'라고 부릅니다. 물론 그보다 정당 수가 많다고 해서 꼭 불안정해지는 건 아닙니다. 네덜란드, 덴마크, 스웨덴은 여섯 개 이상의 정당이 의회에 있지만, 안정적 민주주의를 유지하고 있습니다. 이런 나라들을 보면 정당 수가 많은 것이 문제라기보다, 어떻게 타협하고 어떻게 합의안을 도출할지가 더 중요합니다.

요약하면 세 개 이상의 정당이 존재하면서 서로 대화와 타협을 통해 합의안을 도출하는 것이 바람직한 정당 정치의 모습으로 생각됩니다.

여당과 야당

우리가 뉴스에서 정당들을 보면 항상 싸우는 것처럼 보입니다. 정당들이 서로 다른 입장을 내세우며 다투는 것이 꼭 나쁜 일일까요? 물론 끊임없이 싸우기만 하고 국민을 갈라놓으면 그건 나쁜 일입니다. 대화와 타협을 통해 합의를 이뤄 내면 가장 바람직합니다. 하지만 정당이 서로 다른 견해를 주장하고 상대방의 잘못된 주장을 비판하는 일은 반드시 필요합니다.

뉴스에서 흔히 정당 간 다툼을 다룰 때 여당이나 야당이라는 말을 들어 본 적 있을 것입니다. 여당은 권력을 차지한 정당을 말합니다. 우리나라에서는 대통령이 속한 정당을 여당이라고 합니다. 야당은 그 반대 입장이겠지요. 야당의 한자어 '야野'는 '들판'이라는 뜻입니다. 야당은 권력이 없어서 들판으로 나서게 됐다고 이해하면 쉽습니다. 야당은 영어로 'the opposition', 즉 반대당이라고 합니다. 야당은 반대만 한다고 비판하는 분도 있지만, 야당은 원래 반대하는 당입니다.

여당과 야당은 서로 경쟁합니다. 권력을 차지하려는 집단이 정당이라고 했었지요? 여당은 차지한 권력을 계속 지키고 싶어 하고, 야당은 그 권력을 가져오고 싶어 합니다. 그래서 여당과 야당의 '다툼'이 벌어집니다. 선거에서 표를 많이 얻어야 권력을 잡기 때문에 정당들은 여러 가지 정책을 두고 서로 싸우며 경쟁하게 되는 것이지요. 그래서 여당은 자기들이 지금 벌이는 정책이 옳으며 국민을 더 위하는 일이라 주장하고, 야당은 정책이 잘못되었으며 문제가 많으므로 우리가 맡아서 한다면 여당보다 더 일을 잘할 수 있다고 주장하는 겁니다. 이런 이유로 야당은 '권력을 맡기 위해 대기하고 있는 세력(government-in-waiting)'이라고 불리기도 합니다.

이런 여야 간 공방 속에서 야당은 권력을 가진 정부가 일을 제대로 하는지, 혹은 잘못하는 점은 없는지를 비판하고 감시하는 역할도 합니다. 이 때문에 야당의 존재는 민주주의가 올바르게 작동하기 위해서는 꼭 필요합니다. 야당이 없으면 어떻게 될까요? 권력자에 대한 비판이 허용되지 않는 북한이나 중국과 같은 나라가 되겠지요.

그런데 이처럼 권력을 차지한 세력을 향한 반대 세력의 비판이 자유롭게 허용된 것은 역사적으로 아주 오래된 일이 아닙니다. 권력을 차지한 세력은 정치적 반대자를 나라와 사회를 분열시키는 존재로 보았습니다. 조선 시대 사색당파(노론, 소론, 남인, 북인)도 정쟁으로 나라를 어지럽게 했다고 많은 비판을 받았습니다. 유럽에서도 정치적 반대 세력은 분열적인 존재로 크게 비난받았습니다.

야당이라는 반대 세력이 정치적으로 당연하게 받아들여진 것은 민주주의의 발전 덕분입니다. 하나의 생각이나 사상, 주장만 옳은 것이 아니라 서로 다른 다양한 생각이 모여 있는 일이 당연하고 자연스러운 상태임을 인정하면서, 야당이 꼭 분열적이거나 파괴적인 존재가 아니라고 생각하게 된 것이지요.

영국에서는 야당을 '여왕 폐하의 충성스러운 야당'이라고 표현합니다. 영어로는 'Her Majesty's loyal opposition'입니다. 이 표현은 흥미롭습니다. 왜냐하면 '반대한다'는 뜻의 'opposition'이라는 단어와, '충성스럽다'는 뜻의 'loyal'이라는 단어가 함께 있기 때문입니다. 어떻게 보면 두 단어는 상반된 의미를 담고 있습니다. 서로 충돌할 수 있는 의미의 두 단어가 합쳐진 것은, 정부 정책의 방향에 대해 비판하는 것과 정치 체제 자체를 반대하는 것은 서로 다르다는 것을 의미합니다. 즉, 야당의 반대는 여왕을 구심점으로 하는 영국 정치 체제 자체에 대한 반대가 아니라, 권력을 맡고 있는 여당의 정책 방향에 대한 반대라는 점을 이해하게 된 겁니다. 이렇게 권력에 대한 비판 역할을 주로 담당하는 야당이 허용되면서 정당 정치도 더욱 발전하게 되었습니다.

정당이 항상 서로 다투는 것 같지만 여당과 야당의 경쟁이 민주주의를 지키고 발전시킵니다. 정당은 민주주의에 매우 중요한 존재입니다.

| 함께 생각해 봅시다 | **알아 두면 쓸모 있을 정치적 질문**

- 보수와 진보, 좌파와 우파는 어떻게 생겨났으며, 무슨 차이가 있는지 생각해 봅시다.
- 한국 사회에서 보수와 진보, 좌파와 우파의 관점이 어느 사안에서 첨예하게 대립하는지 살펴보고 그 이유에 대해 생각해 봅시다.
- 보수와 진보, 좌파와 우파 간의 갈등, 정당들이 대립하고 갈등을 겪는 상황이 꼭 나쁜 일인지, 갈등을 줄일 방법에 대해 생각해 봅시다.

9장

대통령도 시험으로 뽑을 수 없을까?

선거로 선출하다

공무원은 어떻게 뽑을까요?

나라의 일을 맡아 하는 사람을 '공무원'이라고 합니다. 공무원이 되려면 공무원 시험을 봐야 합니다. 경찰관이나 소방관이 되고 싶으면 임용 시험을 치러 합격해야 하지요. 경찰관이나 소방관으로 일할 때 필요한 지식이나 정보를 잘 아는지, 또 그 일을 감당할 체력은 지녔는지 등을 알아보기 위한 시험을 치릅니다. 이런 시험에 합격하면 공무원으로 일하게 됩니다.

경찰, 소방관이 아니더라도 경제, 문화, 보건 복지, 과학 기술

등 여러 분야에서 나라의 일을 맡아 해야 할 공무원은 시험을 쳐서 뽑습니다. 조선 시대에는 과거 시험으로 관리를 선발했습니다. 그때도 지금처럼 나랏일 할 사람을 시험으로 뽑았던 셈입니다.

오늘날에는 나랏일, 그리고 지역 주민을 위한 일을 하는 사람들을 시험이 아닌 다른 방식으로도 뽑습니다. 바로 선거로 뽑는 방식입니다. 대통령은 물론 국회의원도 모두 지역 일을 하는 공무원입니다. 서울시장, 광주시장, 충북지사, 강원도지사처럼 광역 지방 단위에서 지역 일을 맡아 하는 사람들도 있고, 해운대구청장이나 양평군수처럼 기초 지방 단위에서 지역 일을 보는 사람도 있습니다. 이들은 모두 선거를 통해 그 직을 맡게 됩니다. 대통령은 전국의 국민이 모두 참여해서 선출하고, 인천시장은 인천 시민이, 제주특별자치도지사는 제주도민이, 그리고 서울의 관악구청장은 관악구 주민이, 경북 봉화군수는 봉화 군민이 선거를 통해 각각 그 지역을 이끌어 갈 공무원을 선출하게 됩니다.

국회의원도 당연히 선거를 통해 나랏일을 담당합니다. 앞의 다른 장에서 이야기했지만, 우리나라에서 국회의원은 두 가지 방식의 선거로 선출됩니다. 하나는 각 지역구에서 그 지역 유권자들의 투표를 통해 선출합니다. 예를 들면 경북 경주에서 국회의원 한 사람을 선출할 때, 경주에 사는 유권자들이 투표해서 표를 가장 많이 얻은 후보가 당선되는 방식입니다. 단순다수제 방식이라고 했었지요. 우리나라에서는 국회의원 대부분을 이 지역구 선거를 통해 선출합니다.

또 다른 방식은, 정당을 통해 국회의원을 선출하는 것입니다. 우선 각 정당은 자기 정당의 후보자 명단을 1, 2, 3, 4 이런 식으로 순위를 정해 유권자에게 내놓습니다. 각 유권자는 자기가 좋아하는 정당에 투표합니다. 각 정당에 투표한 표를 모아서 정당 득표율이 3퍼센트를 넘는 정당을 대상으로 득표한 비율만큼 의석을 각 정당에 분배하게 됩니다.

이런 방식을 비례 대표제라고 한다고 했었지요. 비례 대표제는 지역구 선거에서 치열한 경쟁을 감당하기 어려운 장애인과 같은 사회적 약자나 전문성을 가진 사람들에게도 공무원으로 나랏일을 맡아 할 수 있는 기회를 부여합니다. 이들은 자신의 전문성을 발휘하거나 사회적 약자의 목소리를 국정에 반영하는 역할을 하겠지요.

선출직 공무원과 임용직 공무원

결국 공무원을 뽑는 방식이 두 가지인 셈입니다. 하나는 시험을 봐서 뽑는 방식, 또 다른 하나는 선거로 뽑는 방식입니다. 민주주의 체제에서는 이 두 가지 방식을 모두 사용합니다. 일반적으로 우리는 시험을 치러 임용된 공무원만을 공무원이라고 부르지만, 사실 대통령을 비롯하여 국회의원, 도지사, 시장, 군수 모두 공무원입니다. 시험을 통해 뽑은 공무원을 '임용직 공무원(appointed officials)'이라 하고, 선거를 통해 뽑은 공무원을 '선출직 공무원(elected officials)'이라고 부릅니다. 흔히 임용직 공무원을 관료, 행정 관료라 부르고, 선출직 공무원은 정치인이라고 부릅니다. 임용직 공무원 혹은 관료는 행정을 담당하고, 선출직 공무원 혹은 정치인은 정치를 담당합니다.

국민을 대신해 나랏일을 돌본다는 점에서 두 공무원은 모두 같은 책임을 갖습니다. 그러나 관료와 정치인은 서로 다른 역할을 맡습니다. 서로가 해야 할 일이 다르다는 겁니다. 그것은 정치와 행정의 역할 차이이기도 합니다. 이 두 종류의 공무원들이 어떻게 다른 역할을 담당하는지 예를 들어 살펴볼까요?

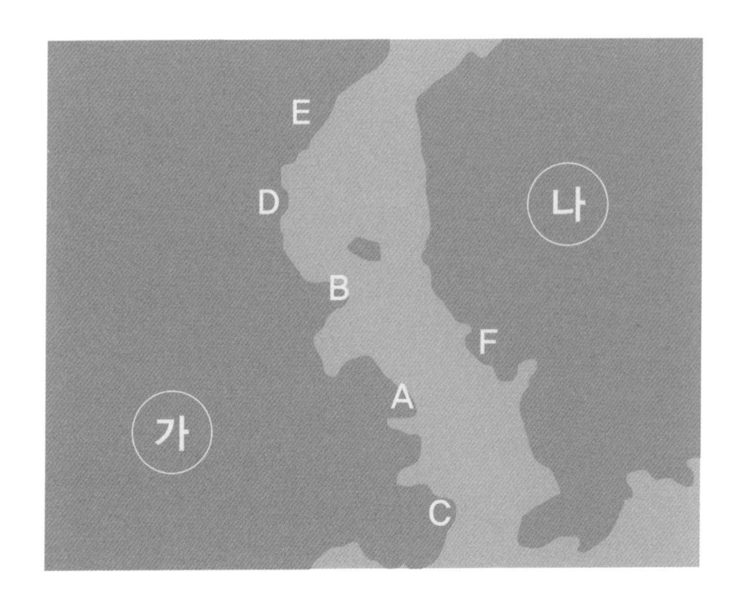

위 그림과 같은 지역이 있습니다. 하나의 공동체이지만, ㉮ 지역과 ㉯ 지역 사이로 강이 흐르고 있습니다. 초등학교, 중학교, 고등학교는 모두 ㉯ 지역에 있습니다. ㉮ 지역에 사는 학생들은 학교에 가려면 배를 타고 강을 건너가야 합니다. A 지점에 나루터가 있어서 거기서 배를 타고 건너편 F 지점에 내려 학교에 갑니다. 그런데 비바람이 거세게 몰아치는 날이면 ㉮ 지역 학생들은 학교에 갈 수가 없습니다. 배가 뜨지 못하기 때문입

니다. 어두워지면 배가 다니지 않기 때문에 ㉮ 지역 학생들은 야간 자율 학습도 하지 못합니다.

한편, 학교는 ㉯ 지역에 있지만 시장이나 영화관은 모두 ㉮ 지역에 있습니다. ㉯ 지역 주민들이 장을 보거나 영화관에 가려면 배를 타고 ㉮ 지역으로 가야 합니다. 풍랑이 치면 ㉯ 지역 주민들도 배를 탈 수가 없겠지요. 다들 불편할 수밖에 없습니다.

이때 P라는 사람이 나타나서 ㉮와 ㉯ 지역을 잇는 다리를 놓자고 주장합니다. 이 주장에 대해 두 지역 사람들이 모두 찬성할까요? 다리가 놓이면 주민들이 날씨에 구애받지 않고 두 지역을 서로 오갈 수 있으니 생활은 더 좋아질 겁니다. ㉮ 지역 학생들은 학교에 다니는 게 훨씬 편할 것이고, ㉯ 지역 주민들은 장을 보러 가는 일이 쉬워지겠지요.

하지만 문제도 있습니다. A 지점에 나루터가 있다고 했습니다. 나루터 주변에는 음식점과 상점, 여관과 노래방이 있습니다. ㉯ 지역의 나루터인 F 지점에도 마찬가지로 이런 시설이 형성되어 있습니다. 또 나룻배 주인, 선장, 선원들, 표를 파는 사람, 배를 수리하는 사람 등 나룻배를 운영하면서 생계를 유지해 온 사람들도 많이 있습니다. 다리를 놓게 된다면, 기존에 나루터를 중심으로 생활해 왔던 이런 사람들은 하루아침에 일자리를 잃어버릴 수 있습니다. 이 사람들은 다리 건설에 반대할 수밖에 없습니다. 또한 다리를 건설하려면 비용이 듭니다. ㉮ 지역과 ㉯ 지역 주민들이 그 비용을 부담해야 합니다. 다리가 놓이면 좋겠지만, 비용을 지불하기는 싫은 주민들도 있을 겁니다. 어떤 주민은 다리를 건설하면 환경이 파괴되기 때문에 다리 건설에 반대할 수도 있습니다.

다리 하나를 놓으려면 이처럼 이해관계가 서로 다른 사람들, 생각과 가치가 다른 사람들을 설득해야 합니다. 다리를 놓자고 주장한 P는, 다리 건설에 반대하는 사람들을 만나서 다리가 왜 필요한지 설득하고 환경 훼손을 최대한 피할 방안을 제시합니다. 또 다리 건설로 손해를 보게 된 사람들에게는 그에 대한 보상 방법도 제안합니다. 다리 건설이 지역 발전에 꼭 필요하다는 명분도 제시해야 합니다. 그렇게 설득하고 노력해서 ㉮와 ㉯ 지역 주민 가운데 다수가 P의 의견에 동의하면 다리 건설에 대한 합의가 마침내 이뤄지는 겁니다. 많은 사람이 당연히 다리 건설에 동의할 것으로 생각하기 쉽지만, 이처럼 현실적으로는 그 과정이 그렇게 쉽고 간단하지 않습니다.

주민의 동의를 얻은 다음 차례는 뭘까요? 다리를 짓기로 한 결정은 내려졌으니 이제는 구체적인 다리 건설 방법이 남았습니다. ㉮, ㉯ 지역을 연결하기 위해서는 여러 가지 고려 사항이 있습니다. 어느 지점을 잇는 게 지역 주민 모두에게 유익할까요? 다리는 어느 정도 규모로 지어야 할까요? 1차선, 2차선 4차선 혹은 6차선 중 어떤 크기로 지어야 주민의 통행에 편리할까요? 무조건 크게만 지을 수는 없습니다. 다리가 넓으면 오가는 데 편리하겠지만 그만큼 비용이 더 들어가게 됩니다. 그러면 주민들로서는 안 내도 되는 비용을 더 지불해야 되겠지요. 지역 상황을 고려한 적정 규모의 다리가 필요합니다.

다리를 만들 때는 어떤 공법을 써야 튼튼하고 비용도 덜 들며 또 보기에도 좋을까요? 이 지역은 태풍도 자주 오고 겨울에 무척 춥기 때문에 건설 공법도 그러한 기후 환경을 고려해야 합니다. 다리를 놓기로 결정했다면 이처럼 다리 건설에 필요한 실질적인 사항들을 고민해야 합니다. 이러한 일들은 앞서 다리를 건설하도록 주민 의견을 모았던 P가 아닌 다른 사람들이 담당해야겠지요. 이 사람들은 다리나 도로 건설에 대한 전문적인 지식이 있고 이 분야에 경험도 많은 사람들이어야 할 겁니다. 이것이 바로 정치와 행정의 차이입니다.

결정하는 정치, 집행하는 행정

정치는, 공동체가 추구해야 할 목표를 설정하고 그것에 대한 사회 구성원들의 합의와 동의를 이끌어 내는 역할을 합니다. 그 목표에 대한 공감대를 높이기 위해 적절한 명분과 이유를 제시하고, 그것을 토대로 반대자들을 설득해야 합니다.

반면 행정은 정해진 국가 목표를 구체적으로 집행하는 역할을 합니다. 정책을 집행할 때는 그 목표를 달성할 수 있는 가장 적절한 방법을 찾아야겠지요. 효율적으로 일을 집행해야 하고 실제로 목표한 성과가 나와야 합니다. 요약하면, 정치는 결정하고 행정은 집행합니다.

앞서 들었던 사례에서, 다리를 건설하자고 주장하며 지역 주민을 설득하고 동의를 이끈 것은 정치의 역할입니다. 다리를 건설하자는 '목표'를 제시했기 때문이지요. 그러한 목표가 정해지고 나면 그 다리를 구체적으로 '어떻게' 만들지 실행에 옮기는 것이 행정, 즉 공무원(관료)의 역할입니다. 다리를 어디에, 어떤 규모로, 어떤 공법으로 건설할지, 또 그 다리의 건설이 이미 정해져 있는 법이나 규정에 맞게 진행되고 있는지도 살펴봐야 합니다. 이 모든 일에는 지식과 전문성이 필요합니다. 유사한 형태의 도로나 다리를 건설한 경험이 있다면 도움이 될 겁니다. 이런 자질을 갖춘 공무원은 어떻게 뽑아야 할까요? 그 분야의 관련 지식을 평가하는 시험을 보거나 경험이 많은 사람들 가운데 평가를 거쳐 뽑아야겠지요. 그래서 임용직 공무원은 시험을 통해 뽑는 겁니다.

반면 정치인은 행정 관료와는 다른 자질을 필요로 합니다. 앞의 예에서 본대로, P라는 사람은 다리를 놓자는 목표를 제시했고 그 목표에 대한 주민의 동의를 이끌어 냈습니다. 정치인에게 중요한 자질은, 목표를 설정하고 그에 대한 공동체의 합의나 동의를 만들어 내는 것입니다. 그러니까 정치인은 한 사회가 나아가야 할 방향에 대한 안목, 다시 말해 올바른 목표를 설정할 수 있는 능력을 갖춰야 합니다. 그리고 그 목표에 대해 많은 사람이 공감할 수 있도록 그에 대한 지지를 이끌어 내고, 또 주저하거나 반대하는 이들을 설득하는 능력을 갖춰야 합니다. 즉, 정치인은 미래에 대한 안목을 갖추고, 또 합의를 이끌어 낼 수 있는 소통과 설득 능력, 그리고 그 목표를 향해 사람들을 끌고 나갈 수 있는 추진력이 필요합니다. 이런 능력을 시험 성적으로 구분해 낼 수 있을까요? 그건 불가능하겠지요. 그래서 선거라는 절차를 통해 그런 역량을 판단합니다. 어떤 목표를 내세우는지, 그 목표는 합당하고 바람직한지, 그에 대한 사회적 동의를 이끌어 내거나 설득할 능력을 갖췄는지, 그 목표를 추진할 수 있는 능력을 갖추었는지 유권자들이 선거 경쟁을 통해 판단하도록 하는 것이지요.

바로 이런 이유 때문에 대통령이나 시장, 도지사는 시험을 쳐서 그 성적대로 뽑을 수 없습니다. 국가 전체의 일을 맡는 대통령에 대해서는 국민이 모두 그 역량과 안목을 판단해서 결정해야 하고, 시의 일을 맡는 시장에 대해서라면 그 지역 시민들이 그에 대한 역량을 판단해야 하는 겁니다.

감시하는 역할

정치가 목표를 정하면 행정이 그 목표를 실행하기 위한 집행 기능을 담당한다고 했습니다. 그런데 그 목표가 언제나 효율적으로 실행되는 것은 아닙니다. 앞에서 살펴본 다리 건설을 예로 들면, 최종적으로 6차선 다리를 건설했다고 합시다. 그런데 실제로 하루에 다리를 건너는 차와 사람 수를 보니 2차선으로 충분했습니다. 그렇다면 괜히 크게 지어서 불필요하게 비용만 낭비한 셈이 됩니다. 다리를 지은 위치도 지역 주민에게 가장 적합한 곳이 아닐 수도 있습니다. ㉮ 지역 주민들은 대다수가 D와 E 지점에 모여 사는데 다리는 C 지점에 건설되었다면 ㉮ 지역 주민들은 통행하기가 불편할 것입니다. 목표가 정해지면 행정 관료들이 그것을 실행에 옮기지만, 이처럼 때때로 그것이 효율적이거나 적절하게 이뤄지지 않을 수 있습니다.

이 때문에 어떤 목표의 실현 방안이 제대로 추진되었는지, 또 비용은 적절하게 사용되었는지 외부에서 정기적으로 점검할 필요가 있습니다. 우리나라에서는 감사원이라는 곳에서 예산을 적절하게 썼는지, 정책 집행의 절차를 법과 규정에 맞게 했는지에 대해 점검합니다. 언론에서도 관료의 정책 집행을 감시, 감독합니다. 아마 여러분도 전염병 방역을 제대로 못 해 감염자가 크게 늘었을 때 언론에서 정부 대책을 비판하는 걸 본

적이 있을 겁니다. 보건 정책을 담당하는 공무원은 국민의 건강을 지키는 것이 그 역할이기 때문에 그걸 제대로 하지 못하면 비판을 받는 겁니다. 다리를 엉뚱한 데 건설해서 주민에게 불편을 끼친 것과 같은 이치입니다.

그런데 제도적으로 행정부를 견제하는 기구는 국회입니다. 국회의원은 국민을 대리하는 대표자들이지요. 그래서 국민의 입장을 대신해서 행정 관료의 정책 집행 과정과 결과를 감시하고, 또 잘못된 점이 있으면 비판하는 역할을 합니다. 텔레비전에서 국회의원이 국무총리나 장관을 국회 의사당에 불러 놓고 질문하는 모습을 본 적이 있나요? 앞에서 대정부 질문이라고 했지요. 또한 국회 상임 위원회에서 국회의원이 관련 부서의 정부 관계자들을 불러서 정책의 잘된 점, 잘못된 점을 따집니다. 또 매년 9월부터 시작되는 정기 국회에서는 국정 감사를 하는데, 이것 역시 행정 관료가 일을 잘했는지에 대해 종합적으로 평가하고 감독하는 것입니다. 앞서 든 예로 다시 돌아가면, 주민들이 돈을 내서 지은 다리에 대해 과연 설계가 제대로 되었는지, 많은 사람에게 더 편리한 장소에 다리가 놓였는지, 공사 방식은 적절한지, 주민들이 낸 세금이 적절하게 사용되고 있는지 주민들이 대표자를 뽑아 감시하도록 한 형태라고 할 수 있습니다.

국회는 감시와 감독만 하는 것이 아니라 때로는 정책 집행 방식을 결정할 때 영향을 미치기도 합니다. 정치와 행정은 서로 관점이 달라서 잘 조화를 이루면 더 좋은 정책을 만들어 낼 수 있습니다. 다시 예를 들어 볼까요?

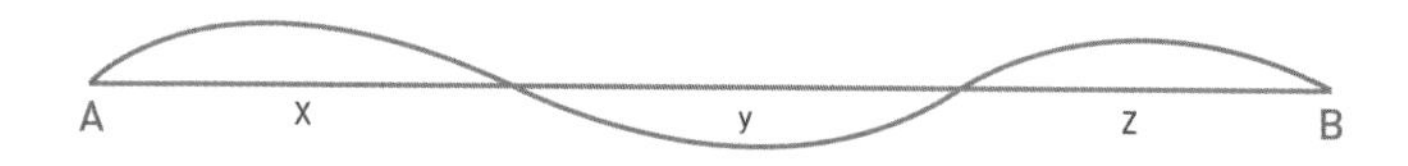

정부가 A 지역에서 B 지역까지 고속 도로를 건설하기로 결정했습니다. 이 일을 집행해야 하는 공무원(관료)에게는 효율성이 제일 중요합니다. A에서 B까지 고속 도로를 놓는 가장 효율적인 방법은, A-B 구간을 직선으로 건설하는 것입니다. 건설 비용도 제일 저렴할 것이고 A 지점에서 B 지점까지 차로 걸리는 시간도 가장 짧을 겁니다.

그런데 문제가 있습니다. 보호해야 할 희귀종 식물이 x 지점에 자생하는 것으로 밝혀졌습니다. y 지점에서는 선사 시대 유적지가 발견되었습니다. z 지점에는 마을이 있어서 원래 계획대로 도로를 건설하면 도로가 마을 중간을 관통하게 됩니다. 마을이 도로 때문에 둘로 갈라지게 되는 겁니다. 이 때문에 도로 건설에 반대하는 사람들이 생겼습니다. 환경 보호를 중시하는 사람들, 역사 유적을 지켜야 한다고 생각하는 사람들, 그리고 z 지역에 사는 마을 사람들입니다. 이들은 정부 관료도 만나고, 정치인도 만나서 반대의 뜻을 전합니다. 하지만 정부 공무원들(관료) 입장에서는 정해진 예산과 기간 안에 고속 도로를 건설해야 합니다. 설계를 변경하면 예산이 더 들어가고 공사 기간도 늘어나게 됩니다. 공무원(관료)은 집행과 성과로 평가받는 사람들입니다.

그러나 정치인은 선거로 선출됩니다. 주민의 뜻을 반영하는 것이 절대적으로 중요합니다. 특히 z 지역에서 선출된 정치인은 마땅히 z 지역 주민의 뜻을 대표해야 합니다. 또 비례 대표 의원 중에는 환경 운동을 하던 사람이 있습니다. 이 의원은 마땅히 환경 보존을 주장하는 사람들의 견해를 반영해야 합니다. 그래서 행정부 공무원(관료)과 정치인들, 특히 여당 의원들 사이에 논의가 이뤄집니다. 그 결과 x, y, z를 직선으로 관통하는 것이 아니라 그림의 붉은 실선처럼 그 지역을 우회하는 노선으로 도로를 새롭게 놓기로 했습니다. 이런 경우에 직선으로 공사하는 것보다 도로 길이가 늘어나는 만큼 비용이 더 들고 공사 기간도 늘어날 겁니다. 완공되면 차로 달리는 시간도 늘어납니다. 효율성만 고려한다면 직선 도로에 비해 분명히 잘못된 결정입니다. 그렇지만 우리는 환경도 보존해야 하고 역사 유물도 지켜야 합니다. 무엇보다 z 지역 주민의 삶에 피해가 가면 안 될 일입니다. 효율성 이외에도 우리가 추구해야 할 중요한 가치들이 많이 있다는 겁니다.

이 때문에 성과나 효율성만을 추구하는 형태로만 국가 정책이 집행될 수는 없습니다. 행정 관료의 관심이 일차적으로 효율적인 집행과 성과에 있다면, 정치인은 그 정책의 결과를 실제로 받아들이는 주민의 의견에 더 관심을 기울이게 됩니다. 이 두 가지 역할이 서로 조화를 이룰 때 국가 정책이 올바르게 이뤄지게 되는 것이지요. 우리나라에서는 행정부가 중요한 정책을 추진할 때 대통령을 돕는 정당, 곧 여당과 사전에 논의합니다. 이를 '당정 협의회'라고 합니다. 여당으로서는 정부 정책의 영향을 받는 국민의 뜻을 반영할 수 있고, 행정부로서는 그 정책에 대한 여당의 지원과 협력을 받을 수 있습니다.

이처럼 정치와 행정은 모두 국가의 일을 담당하는 중요한 기능입니다. 두 기능을 담당하는 사람들은 모두 공무원이지요. 선출직 공무원, 즉 정치인은 목표를 설정하며 그 과정을 감독합니다. 임용직 공무원, 곧 행정 관료들은 그 목표를 효율적으로 집행하는 역할을 담당합니다. 그 역할이 다른 만큼 뽑는 방식도 각기 다르게 이뤄집니다.

| 함께 생각해 봅시다 | 알아 두면 쓸모 있을 정치적 질문

- 선출직 공무원과 임용직, 정무직 공무원의 차이는 무엇인지 살펴봅시다.
- 임용직 공무원은 왜 선거로 뽑지 않는지, 왜 선출직 공무원은 시험을 치르지 않는지 그 이유에 대해 생각해 봅시다.
- 선출직 공무원과 임용직 공무원은 각각 어떤 자질이 더 필요할지 생각해 봅시다.

10장
서로 다른 민족이
어떻게 한 나라를
이루며 살까?

다양성을 추구하다

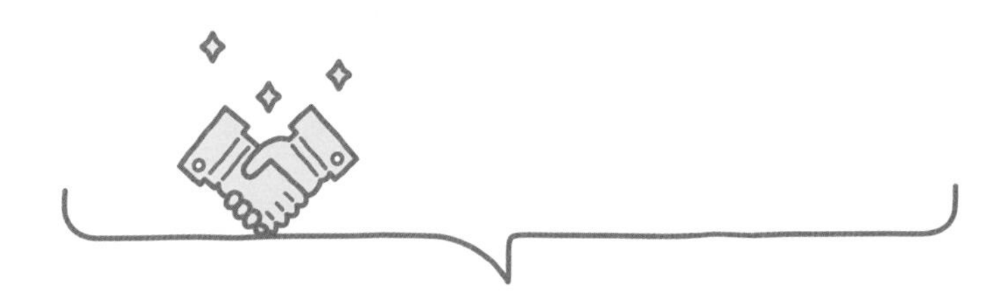

다른 민족끼리 어떻게 한 나라를 이루고 살까요?

여러분은 북한에 가 본 적이 있나요? 아마 직접 가 본 사람은 많지 않을 겁니다. 북한에 안 가 봤지만, 북한 사람들도 우리처럼 밥과 김치, 냉면을 먹고 한복도 입는다는 걸 알고 있습니다. 오랫동안 떨어져 살고 있고 자유롭게 오가지도 못하지만, 남한 사람과 북한 사람은 말도 통하고 비슷한 풍속과 문화를 가졌기 때문에 이해할 수 있는 것이 많습니다. 남북한은 이처럼 같은 민족인데 분리되어 살고 있지요.

그런데 우리와 정반대인 상황도 있습니다. 쓰는 말도 서로 다르고, 문화와 풍습도 다른 민족들이 하나의 나라를 만들어 사는 경우입니다. 그런 나라들이 제법 많습니다. 스위스, 벨기에, 캐나다가 대표적이고 아프리카에서도 서로 다른 부족들이 하나의 나라를 이루고 사는 곳이 많습니다.

대표적으로 스위스에 대해 살펴볼까요? 스위스에는 독일어, 프랑스어, 이탈리아어, 그리고 로만슈어 등 서로 다른 네 언어를 쓰는 사람들이 한 나라를 구성하고 있습니다. 서로 말이 안 통하는 네 언어를 쓰는 사람들이 한 나라에 함께 살고 있는 겁니다. 스위스에는 독일어를 쓰는 사람이 제일 많습니다. 수도인 베른, 취리히 같은 도시가 독일어권에 위치해 있습니다. 스위스 전체 인구의 60% 이상, 26개 주 가운데 19개 주에서 독일어를 사용합니다.

그다음으로는 프랑스어를 쓰는 사람이 많습니다. 프랑스어를 사용하는 인구는 20%가 조금 넘습니다. 국제 적십자사 본부가 있는 제네바나, 국제 올림픽 위원회 본부가 있는 로잔이 프랑스어권 지역입니다.

세 번째로는 이탈리아어를 사용하는 사람들입니다. 전체 인

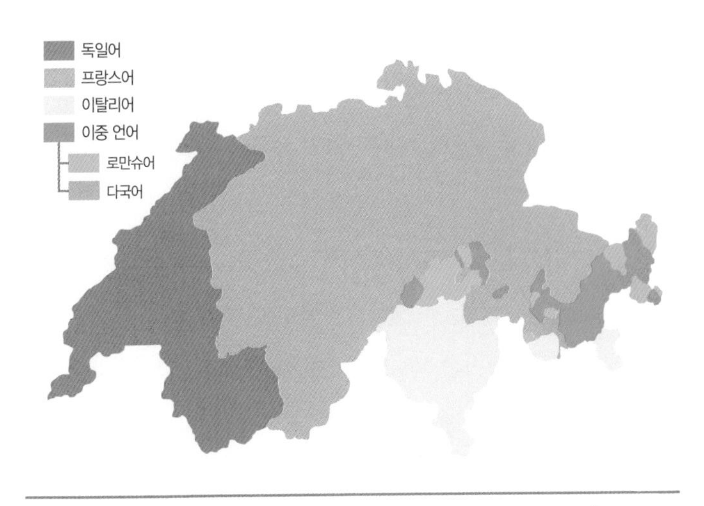

독일어, 프랑스어, 이탈리아어, 로만슈어 등 서로 다른 언어를 쓰는 스위스 언어 분포[5]

구의 10%가 조금 안 됩니다. 루가노, 벨린쪼나와 같은 알프스 지역 관광지가 있습니다. 로만슈어를 사용하는 인구는 스위스 전체의 0.5%밖에 되지 않지만, 언어권으로 지정된 곳은 전체 국토 면적의 7% 정도를 차지합니다. 알프스의 소녀 하이디가 나오는 소설의 배경인 마이엔펠트나, 매년 1월 전 세계의 정치, 재계, 학계 언론계의 지도급 인사들이 참석하는 다보스 포럼이 열리는 다보스가 이 지역에 있습니다.

벨기에 역시 두 개의 서로 다른 언어권으로 구성되어 있습니다. 남쪽은 프랑스어 계통인 왈론어, 북쪽은 네덜란드어에 가까운 플레미쉬어 지역입니다. 캐나다에도 두 개의 서로 다른 언어를 쓰는 지역이 있지요. 퀘벡주는 프랑스어권, 그 외 지역은 영어권입니다.

그런데 궁금증이 들지 않나요? 서로 다른 언어를 쓰는 민족끼리 어떻게 한 나라를 구성해서 살까요? 더욱이 어떻게 서로 안 다투고 평화롭게 살 수 있을까요? 스위스는 1인당 국민 소득이 9만 달러가 넘는, 세계에서 다섯 손가락 안에 드는 부자 나라입니다. 이처럼 서로 다른 민족끼리 다루지 않고 평화롭게 살아갈 뿐만 아니라 경제적으로도 번영할 수 있었던 데에는 그것을 가능하게 해 주는 정치 제도를 고안했기 때문입니다.

한 국가 안에서 여러 언어를 쓰게 되면 서로 의사소통이 잘 되지 않아 불편한 일이 많이 생깁니다. 그래서 한 언어로 국어를 정하자고 할 수 있습니다. 만약 국민 투표를 해서 단 하나의 공식 언어를 정하자고 했다면, 독일어가 스위스의 공식 언어가 되었을 겁니다. 독일어를 쓰는 사람이 전체 인구 중 60%가 넘기 때문이지요.

그러나 만약 독일어 한 언어만 스위스의 공식 국어가 되면 어떻게 될까요? 스위스의 어디를 가나 독일어로 다 소통할 수 있으니 편리하기는 하겠지요. 하지만 독일어를 쓰는 60%가량의 사람들은 좋겠지만 나머지 40% 정도의 사람들은 자기가 써 오던 말 대신 독일어를 배워서 사용해야 합니다. 그뿐만 아니라 프랑스어, 이탈리아어, 로만슈어로 지어 온 시, 소설 등 문학 작품도 더 이상 유지되기 어렵게 됩니다. 다른 언어를 써 오던 사람들은 그 결정에 크게 반발할 수밖에 없겠지요.

우리 경험을 떠올려 보면 됩니다. 우리는 일제 강점기에 한국어를 쓰지 못하고 일본어만 사용하도록 강요받은 적이 있습니다. 그때 우리는 민족정신을 말살하려는 일제의 정책에 강하게 저항했습니다. 독일어만 사용하도록 하면 다른 언어를 쓰는 사람들도 아마 그때의 우리와 마찬가지로 강하게 저항하겠지요. 프랑스어를 쓰는 사람들은 프랑스와, 이탈리아어를 쓰는 사람들은 이탈리아와 합치는 게 더 낫겠다고 생각할 수도 있습니다. 그렇게 된다면 스위스라는 나라는 유지될 수 없을 겁니다.

민주주의는 다수의 지배를 의미합니다. 그렇다면 스위스의 다수 사람이 독일어를 쓰자고 결정을 했는데 뭐가 문제냐고 말할 수 있겠지요. 하지만 다수결에는 중요한 전제 조건이 따릅니다. 소수의 권리, 소수의 의견도 존중해야 한다는 것입니다. 레이파트Lijphart라는 정치학자는, 스위스처럼 다양한 민족이 어울려 사는 나라에서 정치적 안정과 경제적 번영을 가능하게 만드는 조건을 설명했습니다. 레이파트는 서로의 차이를 인정하고, 소수파의 권리와 의견이 받아들여질 수 있으며, 각자의 입장을 존중해 줄 수 있다면 더불어 사는 것이 가능하다고 보았습니다. 그렇게 하기 위해서는 다수파가 자기 편한 대로 모든 것을 독단적으로 결정해서는 안 되겠지요. 국가적으로 중요한 정책 결정은 합의에 의해 이뤄져야 합니다.

대통령 한 사람이 중요한 결정을 내리는 것이 아니라, 각 언어권에 있는 사람들이 함께 모여 나랏일을 논의하고 결정한다면 소수파의 의견이 반영될 수 있는 기회가 많아질 겁니다. 실제로 스위스에서는 의회에서 일곱 명의 장관을 임명하고, 이들이 나라의 중요한 일을 함께 결정합니다. 그리고 일곱 명 중에서 한 명씩 매년 돌아가며 대통령의 역할을 합니다. 대통령은 절대적 권력을 가진 것이 아니라 다른 나라와의 외교 관계에서 스위스를 대표하는 상징적 지도자입니다.

스위스에서는 정당도 여러 개가 존재합니다. 법을 통과시키기 위해서는 한 정당이 단독으로 처리할 수 없고, 여러 정당의 의견이 모여야 합니다. 그러기 위해서는 서로 타협하고 양보하는 일이 꼭 필요하지요. 이러한 다당제를 위해서는 표를 얻은 비율대로 의석수가 배정되는 비례 대표제도 꼭 필요합니다.

차이를 인정하고 존중하다

스위스에서는 각 지역에서 일어나는 일을 스스로 해결할 수 있도록 지방의 권한을 강화했습니다. 예를 들어 이탈리아어를 쓰는 지역에서 일어나는 일은 굳이 중앙 정부가 개입하거나 문화가 다른 독일어권 등 다른 지역에서 참견할 필요 없이, 스스로 그 지역 내에서 문제를 해결할 수 있도록 한 겁니다. 스위스의 이러한 중앙-지방 제도를 연방제라고 합니다. 스위스뿐만 아니라 미국, 독일, 호주, 캐나다, 오스트리아 모두 연방제 국가입니다. 연방제에서 지방 단위를 우리말로는 '주'라고 부릅니다. 미국의 캘리포니아주, 알래스카주, 플로리다주 이런 표현 들어 보셨지요? 주를 미국과 호주, 캐나다에서는 '스테이트state', 독일과 오스트리아에서는 '랜더länder', 그리고 스위스에서는 '캔톤canton'이라고 합니다.

지역 단위이지만 우리나라의 지방 자치 제도와 연방제는 근본적인 차이가 존재합니다. 서울시청, 전남도청, 대구시청, 경남도청, 제주특별자치도청 이런 것이 우리나라의 광역 지방 자치 단체입니다. 자치 단체라고 하지만 지역에서 스스로 결정할 수 있는 일은 제한적입니다. 권한이 여전히 중앙 정부에 집중되어 있기 때문입니다. 그렇지만 연방제에서는 연방 정부의 권한과 주 정부의 권한이 원래부터 헌법에 의해 구분되어 있습니다.

이 때문에 헌법에 명시된 주 정부의 정책 영역에 대해 연방 정부가 개입할 수 있는 권한이 없습니다. 예컨대 스위스에서 학교와 경찰, 소방 정책과 관련된 것은 모두 주 정부의 권한입니다. 학교 교육을 어떻게 할지, 몇 살부터 학교에 다닐 수 있는지, 개학과 방학은 언제 할지, 가르치는 내용은 어떻게 할지 등은 모두 주 정부에서 독자적으로 결정합니다. 이처럼 연방제 국가에서는 주 정부의 독자적인 권한이 강합니다. 미국에서는 각 주가 형벌의 기준을 정하는 권한을 갖습니다. 이 때문에 어떤 주에서는 사형제가 있지만 다른 주에서는 사형제가 없습니다.

다시 스위스 이야기로 돌아가면, 스위스에서는 다양한 민족이 사는 곳이라고 해도 연방제를 채택해서 주별로 민족의 문화나 관습에 따라 거기에 맞는 별도의 정책을 스스로 결정할 수 있도록 했습니다. 중앙 정부에서 획일적으로 정하고 무조건 그것을 따르라고 한다면 서로 다른 문화나 풍습을 가진 주민들은 그러한 요구를 받아들일 수 없고 반발할 수밖에 없을 겁니다.

한때 비슷한 문화를 공유하고 사회적 동질성을 유지하는 나라에서만 민주주의가 잘된다는 주장이 제기된 바 있었습니다. 그러나 스위스의 경험은 언어와 민족이 다른 사람들이 모인 나라도 정치 제도를 잘 만들고 국민이 함께 살아가려는 태도를 지닌다면 정치적인 안정과 경제적 번영을 가져올 수 있다는 사실을 잘 보여 주고 있습니다. 레이파트는 이것을 '합의제 민주주의'라고 불렀습니다.

이런 특징은 스위스뿐만 미국에도 비슷하게 적용됩니다. 미국은 영어로 '유나이티드 스테이츠 오브 아메리카United States of America', 줄여서 '유에스에이USA'라고 하지요. 우리는 일반적으로 미국이라고 하지만, USA의 의미를 그대로 해석하면 '미합중국'이 더 적합합니다. 미합중국, 들어 본 적 있나요? '미美'는 미국의 미이고, 합중국은 '합하다'는 의미의 '합合', 무리 혹은 여럿이라는 뜻의 '중衆', 그리고 '국國'은 '나라'라는 뜻이지요. 그러니까 합중국은 '여럿이 합쳐진 나라'라는 뜻이 됩니다. 영어로도 United는 '연합된, 통합된'이라는 뜻입니다. 그리고 State는 '나라'라는 의미이지만 미국에서 각 주를 state라고 부른다고 했습니다. 캘리포니아'주', 뉴욕'주'라고 할 때 '주'는 영어로 state입니다. 그러니까 USA, United States of America는 '아메리카의 연합된 주들', 혹은 '아메리카 주들의 연합'이라는 의미입니다. 왜 이런 이름을 갖게 되었을까요?

앞 장에서 살펴본 대로, 미국은 원래 아메리카 대륙의 동쪽에 만들어진 13개의 영국 식민지로 구성되었습니다. 식민지라고 하지만 각기 다른 역사적 과정을 거치며 만들어진, 사실상의 국가였습니다. state라고 불리는 이유입니다. 각 주의 넓이는 한국만 하거나 더 큰 곳도 있었습니다. 규모로 볼 때도 국가 크기였던 셈입니다. 사실상 13개의 개별적인 나라가 하나의 나라로 통합해 가는 것이 미국의 탄생이었습니다.

그런데 이때 각 주마다 처한 환경이 서로 달랐기 때문에 국가로 합치는 데 문제가 생겼습니다. 각 주마다 경제적 이해관계가 서로 달랐던 겁니다. 북동부 지역은 상공업이 발전했던 반면 남쪽에서는 농업이 발전해 있었습니다. 또한 각 주마다 영토의 크기도 달랐고 거주하는 주민 수도 많은 차이가 났습니다. 예를 들면 뉴저지는 인구가 적었던 반면 버지니아에는 사람이 많이 살고 있었습니다. 매사추세츠주는 상공업이 발전했지만 조지아주는 농업이 중심이었습니다. 이런 차이가 존재하는 상황에서 하나의 국가로 통합하면 인구가 적은 주는 국가에서 중요한 정책 결정을 내릴 때 불리할 수 있다는 걱정을 하게 되었습니다. 무엇보다 인구수에 따라 대표자를 선출하게 되면 인구가 적은 뉴저지 같은 주는 대표자 수도 적어지기 때문에 정책 결정을 할 때 영향력이 작을 수밖에 없겠지요. 스위스에서 독일어권 이외의 언어권 지역 주민이 가질 수 있는 걱정이라고 생각하면 됩니다.

그래서 인구가 적은 주들은 인구의 규모와 무관하게 각 주가 동등한 권한을 가져야 한다고 주장했지만, 인구가 많은 주의 대표들은 인구수에 따르는 것이 민주주의 원칙에 맞다고 주장했습니다. 앞서 1인 1표제의 중요성을 이야기한 바 있지요? 두 주장이 다 일리 있습니다. 결국 미국 건국 당시의 지도자들은 오랜 논의를 거쳐 타협했습니다. 그 결과 의회를 두 개 만들기로 했습니다. 하나는 인구 비례에 따라 대표자를 선출해서 의회를 구성하기로 했습니다. 당연히 인구가 많은 주에서는 그만큼 많은 수의 의원이 선출됩니다. 그러나 또 다른 의회는 각 주를 공평하게 대표해서 구성하도록 했습니다. 인구가 많은 주나 인구가 적은 주 모두 같은 수의 대표자를 선출하도록 한 겁니다. 미국에서 양원제는 이런 이유로 만들어졌습니다.

양원제에서 인구를 대표하는 의회를 '하원(House of Represen-tatives)', 그리고 주를 대표하는 의회는 '상원(Senate)'이라고 부릅니다. 상원은 각 주의 크기나 인구수와 무관하게 똑같이 두 명씩 의원을 선출합니다. 미국의 주가 50개이기 때문에 상원의원의 수는 100명이 됩니다. 하원은 435명으로 정해져 있는데, 10년마다 인구 조사를 해서 인구 편차가 없이 대표할 수 있도록 선거구를 재조정합니다.

또한 미국은 연방제를 하기로 했습니다. 연방제는 앞서 스위스 사례에서 보았듯, 헌법에 연방 정부가 할 수 있는 일을 제한해 두었습니다. 연방 정부는 헌법에 적힌 것만 할 수 있으니 그 이외의 모든 포괄적인 권한은 주 정부가 갖게 만들었습니다. 각 주가 연방 정부의 개입이나 영향에서 벗어나 지역 상황에 맞게 살 수 있게 만든 것입니다.

다원적 사회의 합의제 민주주의

스위스나 미국과 같은 나라의 이야기는 우리에게도 시사하는 바가 큽니다. 다수결은 민주주의의 중요한 원칙이지만, 소수파의 의견과 권리 존중이 전제되어야 합니다.

중앙 정부가 주 정부에 권한을 넘겨주면, 주에 사는 주민들은 자기 지역의 일에 스스로 참여할 수 있습니다. 그러면 자기 삶과 밀접하게 관련된 정책 결정에 참여할 수 있는 주민의 수도 늘겠지요. 또 모든 걸 대통령 혼자 결정하기보다, 장관들이 모여 함께 논의해 나랏일을 결정하면 더 많고 다양한 의견이 반영될 수 있겠지요.

정당이 두 개밖에 없다면 과반 의석을 차지한 정당이 그들 마음대로 정책을 결정하겠지만, 정당이 4-5개면 특정 정당한 곳이 쉽게 과반 의석을 차지하기 어렵게 됩니다. 결국 단독으로 결정할 수 없기 때문에 몇 개의 정당이 서로 논의하고 양보해서 합의에 이르게 되겠지요.

연방제, 양원제, 다당제와 같은 방식은 결정에 영향을 미치는 사람의 수를 늘릴 수 있습니다. 조금 어려운 말이 될지 모르겠습니다만, 이런 제도는 모두 국가의 일을 '결정하는 데 영향을 미치는 사람의 수를 최대한으로 만드는 방식(maximize the size of the majorities)'입니다. 다른 말로 하면, 중요한 결정을 할 때 소외되거나 자기 뜻과 다른 결정이 내려지는 경우를 최소한으로 줄이는 것입니다. 다수결이 언제나 바람직한 결정 방식이라고 보기는 어렵습니다. 소수파라고 해도 다양한 생각과 이해관계가 정책 결정 과정에 참여할 수 있도록 하는 것이 중요합니다.

우리나라는 지금 분단의 상황을 겪고 있습니다. 한국과 북한은 사실상 두 개의 나라로 존재하지요. 더욱이 상호 간에 교류도 없이 완전히 단절된 두 개의 나라입니다. 분단된 지 80년 가까운 긴 시간이 흘렀습니다. 같은 민족이기는 하지만 이제 남북한은 서로 다른 사회가 되었습니다. 통일을 이루려면 어떻게 해야 할까요? 이제 통일은 '원래의 상태로 돌아가는 것'이라고 말하기 어렵게 되었습니다. 너무 많은 시간이 흘러서 대부분의 사람들이 '원래의 상태'를 기억하지 못합니다. 현실적으로 통일은 두 개의 서로 다른 사회가 통합하는 방식이 될 수밖에 없습니다.

그렇다면 통일 과정에서 우리도 스위스나 미국의 경험을 생각해 보게 됩니다. 이미 남북한 간에는 큰 차이가 생겨났는데, 이런 차이를 무시하고 똑같은 사회로 만들려고 하면 통일 과정에 매우 큰 어려움이 생길 수 있습니다. 하지만 연방제를 만든다면 지역의 자율성을 높일 수 있어 통일에 도움을 줄 수 있을 겁니다. 더욱이 남북한 간에는 인구의 차이도 있습니다. 인구비례로 국회를 구성하면 북한은 불리하게 됩니다. 남한 인구가 5천 2백만 명, 북한이 2천 5백만 명 정도인데, 100만 명당 국회의원을 한 명씩 뽑는다고 가정하면 남한 출신 의원은 52명, 북한 출신 의원은 25명이 됩니다. 국회에서 남북 지역 간 첨예한 이슈가 생겨난다면 남한 의견이 일방적으로 관철될 확률이 높습니다. 통일 한국을 생각하면 지역을 대표하는 양원제도 생각해 볼 필요가 있습니다.

또한 오늘날의 한국 사회는 점차 인종적으로나 문화적으로 다양해지고 있습니다. 외국에서 오는 이민자도 많아졌고, 다양한 생각과 성향, 가치를 추구하는 다원적 사회가 되었습니다. 이러한 다양한 생각과 관심이 정치적으로 고르게 반영되는 것이 바람직하겠지요. 지방 정부의 권한이 강화되어 지역 문제가 지역 주민의 뜻으로 해결된다면, 더 많은 사람의 의견이 결정 과정에 반영될 수 있습니다. 정당이 네다섯 개가 되어 여러 정당이 함께 논의하고 타협해서 정책을 결정하면 더 많은 생각과 다양한 이해관계가 그 결정에 반영될 수 있을 것입니다.

민주주의는 다수의 지배라고만 생각해서는 안 됩니다. 다수의 뜻에 따라야 하지만 근본적으로는 소수의 뜻도 존중받아야 합니다. 우리도 합의제 민주주의의 원칙과 제도의 도입에 대해서 신중하게 고려해 볼 필요가 있습니다.

| 함께 생각해 봅시다 | 알아 두면 쓸모 있을 정치적 질문

- 한반도가 통일이 되면 정부와 국회를 어떤 형태로 구성해야 할지 생각해 봅시다.
- 이민자, 외국인, 난민 등 점점 다원적 사회가 되어가는 한국에서 여러 다양한 계층 사람들의 생각이 잘 반영되는 사회가 되려면 어떤 제도와 인식 변화가 필요할지 생각해 봅시다.
- 빠르고 복잡하며 다양하게 변해가는 현대 사회에서 오늘날의 민주주의가 미래에는 어떤 방향으로 더 발전할 수 있을지 상상해 봅시다.

이 책과 함께 읽으면 좋은 책들

마키아벨리: 르네상스 피렌체가 낳은 이단아 김경희 지음 | 아르테 | 2019

홉스 & 로크: 국가를 계약하라 문지영 지음 | 김영사 | 2006

몽테스키외 & 토크빌: 개인이 아닌 시민으로 살기 홍태영 지음 | 김영사 | 2006

정치학의 이해 서울대학교 정치외교학부 정치학 전공 교수진 지음 | 박영사 | 2019

한국 정치론 강원택 지음 | 박영사 | 2019

대한민국 민주화 이야기: 민주화를 향한 현대한국정치사 강원택 지음 | 대한민국역사박물관 | 2015

한국 정치의 결정적 순간들 강원택 지음 | 21세기북스 | 2019

정당론 강원택 지음 | 박영사 | 2022

대통령제, 내각제와 이원정부제: 통치 형태의 특성과 운영의 원리 강원택 지음 | 인간사랑 | 2022

통일 이후의 한국 민주주의 강원택 지음 | 나남 | 2011

이 책을 읽으며 방문해 보면 좋은 홈페이지

영국 의회	https://www.parliament.uk
미국 의회 상원	https://www.senate.gov
미국 의회 하원	https://www.house.gov
유럽 의회	https://www.europarl.europa.eu
독일 연방 의회	https://www.bundestag.de
프랑스 의회 상원	https://www.senat.fr
프랑스 국민 의회	https://www.assemblee-nationale.fr
일본 의회 참의원	https://www.sangiin.go.jp
일본 의회 중의원	https://www.shugiin.go.jp/internet/index.nsf/html/index.htm
대한민국 국회	https://www.assembly.go.kr
대한민국 정부	https://www.gov.kr
(대한민국 법제처)국가법령정보센터	https://www.law.go.kr
대한민국 헌법재판소	https://www.ccourt.go.kr
대한민국 중앙선거관리위원회	https://www.nec.go.kr
대한민국 청소년 의회	https://youthassembly.or.kr

1. 〈시사저널〉 2008년 5월 2일 자 인터넷 기사 참고
   https://www.sisajournal.com/news/articleView.html?idxno=123123
2. (재)성서공회 한글성경 https://www.bskorea.or.kr
3. 〈동아일보〉 2004년 11월 15일 자 기사 참고
4. 미국에서도 세입 징수, 즉 세금을 걷는 것과 관련된 사안은 하원에서 먼저 제안하도록 하고 있습니다.
5. 스위스 관광청 공식 블로그 참고 https://blog.naver.com/swissfriends/220593 950768

22쪽	Wikipedia
37쪽	국립중앙박물관
48쪽	동아일보
68쪽	WIKIMEDIA COMMONS
112쪽	WIKIMEDIA COMMONS
130쪽	중앙선거관리위원회
148쪽	영국 의회 사이트
150쪽	©Jedyooo

의외로 사람들이 잘 모르는 정치

1판 1쇄 발행일 2022년 7월 27일

글쓴이 강원택 | 펴낸곳 (주)도서출판 북멘토 | 펴낸이 김태완

편집주간 이은아 | 편집 김경란·조정우 | 디자인 책은우주다·안상준 | 마케팅 이상현·민지원·염승연

출판등록 제6-800호(2006. 6. 13.)

주소 03990 서울시 마포구 월드컵북로 6길 69(연남동 567-11) IK빌딩 3층

전화 02-332-4885 | 팩스 02-6021-4885

bookmentorbooks__ bookmentorbooks bookmentorbooks@hanmail.net

ISBN 978-89-6319-479-0 03340